CANNES CINÉMA

TEXTE DE
SERGE TOUBIANA
AVEC LA PARTICIPATION DE
THIERRY JOUSSE ET JÖEL MAGNY

CINQUANTE ANS DE FESTIVAL
VUS PAR TRAVERSO

CAHIERS DU CINÉMA

Henri et Gilles Traverso dédient
ce livre à **ROGER OTTO**

et remercient : Le Festival
International du Film (Messieurs
Pierre Viot, Gilles Jacob et
François Erlenbach), Nice Matin
(Messieurs Michel et Gérard
Bavastro et Michel Comboul),
le Groupe Lucien Barrière-Côte
d'Azur (Madame Martine Maurin)

et les photographes Germaine
Darvas, Raymond Schellino,
Jean-Jacques Sioli, Michel Johner,
Georges Auclaire,
Stéphane Goasguen, avec une
reconnaissance particulière pour
sa précieuse collaboration
à Madame Andrée Traverso.
L'Editeur remercie :
Marine Gille, Line Martin
Jean-François Gautier

Les textes commentant les
années 40, 50 et 60 sont de
Serge Toubiana.
Ceux des années 70, de Joël
Magny, et ceux des années 80
et 90 de Thierry Jousse.

Edition : Claudine Paquot
Conception graphique :
Atalante/Paris
Documentation : Clélia Cohen

En partenariat avec

Le Monde

Avec le soutien d'

agnès b.

Achevé d'imprimé
le 15 Avril 1997

Photogravure :
Finart Print, Como
Impression :
Kapp-Lahure-Jombart, Evreux

Dépôt légal : avril 1997

En couverture : Kim Novak,
festival de Cannes, 1959.

LE TRÉSOR DES TRAVERSO par Serge Toubiana

Originaire de la vallée de Tende, côté italien, la famille Traverso s'est installée à Cannes en 1850. La première inscription comme photographe, établie au registre des métiers, fait mention d'une date : 1919. Depuis lors, quatre générations de Traverso se succèdent comme photographes, installés dès l'origine rue de Bône, là où se trouve aujourd'hui encore leur fonds de commerce. Les Traverso sont des artisans et leur activité courante consiste à photographier mariages, communions ou baptêmes. Souvent aussi, des soirées officielles ou de prestige, ce qu'on appelle communément des galas. Les Traverso en vivent, travaillant à leur compte et soucieux de leur indépendance. Ils entretiennent depuis toujours d'excellentes relations avec la presse locale, à qui ils fournissent des photos. Aujourd'hui *Nice Matin*, hier *Le Petit Niçois* ou *L'Eclaireur*, du temps où ces journaux existaient encore. Les Traverso ont aussi travaillé pour *France-Soir*, offrant régulièrement leurs services au moment du Festival de Cannes. Connus dans leur ville, ils ont des liens privilégiés avec les principaux lieux de prestige. Avant tout le *Palm Beach*, fermé depuis plusieurs années, pour lequel les Traverso bénéficiaient d'une sorte d'exclusivité, celle de prendre en photo toutes les personnalités qui venaient y passer la soirée, pour dîner ou jouer au Casino. C'est souvent au *Palm Beach* qu'eurent lieu, dans les années 50 et 60, les plus belles fêtes du festival de Cannes. Ainsi que dans l'ancien Casino Municipal, à la place duquel est bâti l'actuel Palais des festivals, et dont le Salon des Ambassadeurs servait de cadre à de grandes soirées. Les Traverso ont aussi maintenu des liens privilégiés avec les grands hôtels de Cannes, le Carlton, le Majestic ou le Martinez, où descendaient les célébrités. Ces complicités locales les ont aidés dans leur travail de photographes, et singulièrement au moment du festival. « *Au Palm Beach, on connaissait tout le personnel, on entrait par l'entrée des artistes…* », dit aujourd'hui Henri Traverso.

HOMMAGE À L'ANCÊTRE. Tout au long des années 30 et 40, Auguste Traverso, l'ancêtre aujourd'hui disparu, fut le témoin discret mais privilégié de cette vie mondaine qui caractérisait le Cannes d'avant-guerre. Le Roi des Belges, le Roi de Suède, Ali Khan, le fils de la Reine Victoria, le Duc de Windsor, Winston Churchill, Bao Daï, le Shah d'Iran, et tant d'autres rois et reines, princes et princesses, richissimes hommes d'affaires, personnalités politiques, diplomates, stars de la vie mondaine, séjournaient régulièrement à Cannes. La principale préoccupation d'Auguste Traverso était de « couvrir » la vie cannoise, comme l'aurait fait n'importe quel photographe-reporter. La dimension *historienne* de cette activité était évidemment inconsciente. Auguste Traverso faisait ses photos avec l'espoir d'en vendre le plus possible à des journaux, ou aux personnalités elles-mêmes, qui venaient les choisir et les acheter rue de Bône. Aujourd'hui encore, la famille est fière d'avoir eu comme clientes La Bégum, Ingrid Bergman, Michèle Morgan, et autres figures prestigieuses.

UNE RÈGLE D'OR : LA COMPLICITÉ. Ainsi, d'incroyables archives se sont peu à peu constituées. Aucune trace de « muséification » dans toutes ces photos Traverso. La famille travaille pour vendre, elle travaille dans l'instant, pour la gloire de l'instant, sans se soucier de la valeur historique ou patrimoniale du document. Cette morale d'artisan, curieusement, n'a guère évolué. Un seul souci, celui du présent : inscrire sinon *graver* telle

...u telle figure célèbre dans le cadre de la ville de Cannes. Aucune affectation mondaine, aucun souci de col... er à la mode. S'il existe un « esprit Traverso », c'est celui d'assister à l'événement, aussi anodin ou prestigieux soit-il, dans l'unique intention de l'*enregistrer* pour en garder des traces immédiates et, si possible, en faire commerce. C'est ce qui fait la valeur de ces photos. Immanquablement, l'accumulation est devenue *mémoire*. Donc histoire. Dans leur démarche artisanale, on ne sent aucune position de principe, aucune rigidité quant à l'art photographique. Mais, au contraire, une grande modestie professionnelle, sans souci autre que celui de bien faire : les Traverso ne sont pas des *paparazzi*, leur règle d'or consiste à ne jamais violer l'intimité de ceux qu'ils prennent en photo. C'est ce qui fait le prix de ces photos, d'être pour ainsi dire des instantanés qui gardent encore, longtemps après avoir été saisis, une certaine vivacité et une innocence du regard.

LE FESTIVAL, DÈS L'ORIGINE. Depuis un demi-siècle, la ville de Cannes étant devenue le lieu de rendez-vous du cinéma mondial, les Traverso ont eu une opportunité formidable de développer leurs activités. Mais c'est le cinéma qui vient à eux, et non l'inverse, car les Traverso sont à Cannes avant même que naisse le Festival international du Film. La rencontre entre les Traverso et le cinéma a d'ailleurs revêtu un caractère hautement symbolique. Chacun sait que le premier festival de Cannes devait se tenir en 1939. Tout début septembre le maire de Cannes accompagné de sa femme se rend à la gare pour accueillir Louis Lumière, membre de l'Institut, invité en tant que président d'honneur d'une manifestation prévue pour durer jusqu'au 20 septembre. Auguste Traverso est là et il prend des photos : Louis Lumière débarquant du train, salué par le maire de la ville. Enigme : on ne saura jamais si Auguste Traverso est là pour suivre son maire dans le cadre de ses activités publiques, ou s'il est fier de prendre en photo l'un des plus fameux inventeurs du cinéma. Peut-être qu'Auguste Traverso sait après tout que le père de Louis Lumière se prénommait comme lui Auguste… De ce geste pionnier et non prémédité, est née toute l'imagerie festivalière, depuis ce jour ensoleillé de septembre 1939 où tout semble paisible, et où le cinéma se prépare pour une fête. Mais ce geste pionnier est également un geste *raté*. Car, comment ne pas regarder ces photos de Louis Lumière en gare de Cannes, sans penser que deux ou trois jours plus tard, la Deuxième Guerre mondiale va éclater en Europe. Louis Lumière, avec son canotier, a l'air d'un vieux notable parmi les officiels qui se sont déplacés pour l'accueillir. La lumière est magnifique, tout semble prévu pour que le cinéma règne. Et c'est la catastrophe qui arrive. Une catastrophe que le cinéma, art populaire du XXe siècle, n'aura pu empêcher… Il y aura beaucoup d'autres trains, d'autres gares, et des millions de « voyageurs » qui ne reviendront jamais…

L'ÂGE D'OR DU FESTIVAL. Dès 1946, Henri Traverso, le petit-fils d'Auguste, à peine âgé de seize ans, reprend le flambeau avec sa tante Germaine. La famille Traverso est évidemment au rendez-vous du premier vrai festival, après celui manqué de septembre 1939. Retour à la gare de Cannes, cette fois pour accueillir des acteurs, des actrices, des cinéastes, et bien sûr des officiels. Il faut sourire, manifester sa joie car la paix est revenue. Ce sera la tâche primordiale du cinéma, celle de « vendre » du rêve à des millions et des millions de spectateurs qui ont tant désespéré de l'homme et du monde. Le festival de Cannes a son rôle à jouer...

dans cette mission. D'abord, celui de relancer le tourisme sur la Riviera. Mais surtout, celui d'affirmer la grandeur d'une industrie cinématographique qui ne sort pas épargnée de cette vilaine guerre. Alors il s'agit de manifester, de la manière la plus visible et la plus éclatante, cette bonne volonté des Nations à se rassembler et à communier autour d'une idée de paix. Le cinéma devient porteur de cet idéal retrouvé. Et le festival vivra longtemps en arborant la multitude de drapeaux des Nations qui présentent leurs films en compétition. Les photos Traverso ont le mérite de nous offrir un point de vue plus local, plus détaillé, restituant parfaitement l'ambiance singulière des premières années cannoises. A cette époque, le festival n'existe pas encore alors il faut tout inventer. Les premières vedettes arrivent : Michèle Morgan, Simone Signoret, Rita Hayworth, Daniel Gélin, Tyrone Power, Edward G. Robinson, Maurice Chevalier, etc. En 1947, la construction du Palais sur la Croisette, les soirées de gala, les starlettes en maillot, le retour éclatant des Américains en Europe avec leurs films… Peu à peu, le festival invente ses rites, dans un esprit de village qui nous rendrait presque nostalgiques. Dans les années 50, la manifestation prend de l'ampleur et les vedettes sont plus internationales : le sourire de Gary Cooper, l'allure décontractée de Robert Mitchum, l'éclatante beauté de Sophia Loren, la simplicité enfantine de Liz Taylor, l'image très sage de Grace Kelly avant qu'elle ne devienne princesse. Sans oublier Cocteau en maître de cérémonie, Orson Welles tel un ogre magnifique, le toujours impeccable Vittorio de Sica… Autant de sublimes postures saisies par les Traverso. Les premières photos de Brigitte Bardot sur la plage nous font soudain basculer dans une époque plus libre, et c'est une autre image de la femme qui surgit… Le festival vit son âge d'or, qui correspond sans doute à un âge d'or du cinéma. Les voitures sont splendides, la mode vestimentaire évolue sous nos yeux, les vedettes débarquent à Nice en Caravelle… Et puis, peu à peu, la foule réunie sur la Croisette devient plus visible, plus massive. Mais l'ambiance demeure conviviale, ensoleillée ou nocturne. Le public entoure les vedettes qu'il aime et admire. Robert Mitchum joue à la pétanque, tandis que Jeanne Moreau monte sur une table de restaurant à la Napoule pour chanter, le regard triste… C'est encore l'époque bénie où les stars ne se cachent pas, n'ont aucune crainte de déambuler en toute tranquillité sur la Croisette, de s'offrir au regard des photographes. Car s'il faut parler d'un âge d'or, c'est indéniablement celui de la photographie. « *Le cinéma était pour elles une joie, les stars venaient pour se faire voir, cela faisait partie du jeu* », disent Henri Traverso et sa femme Andrée qui, aujourd'hui encore, continue de s'occuper du tirage des photos. Entre le monde du cinéma et le public, les photographes jouissent d'un privilège, celui d'être des *passeurs*. La presse écrite et la radio disent ou commentent l'événement, la photographie *montre*. Henri Traverso travaille exclusivement au Rolleiflex ou avec son Hasselblad muni d'un grand angle. Ce choix l'oblige à ne faire que quelques photos, toutes au 6 X 6. Il court d'un lieu à un autre, à la gare pour accueillir Grace Kelly et Olivia de Havilland, Jeanne Moreau et Louis Malle, Sophia Loren et Vittorio de Sica, ou à l'entrée d'un palace pour y cueillir Simone Signoret et Yves Montand revenant d'une conférence de presse. Les photos donnent un sentiment de vie et de vertige. Il faut s'adapter à l'emploi du temps quotidien du festival. « *La journée cannoise c'étaient les jeux de*

…lage, la conférence de presse du matin, les déjeuners, les sorties aux îles, la projection du soir avec l'arr…
…vée au Palais*, raconte Henri Traverso. *Nous suivions les acteurs dans leur loge, pour saisir le moment où on leur remettait un bouquet de fleurs, la descente des marches, les félicitations du Président du jury… »* E… …puis les grandes réceptions offertes tous les soirs par les pays dont les films venaient d'être projetés dans la grande salle du Palais Croisette…

L'ÉVOLUTION DU FESTIVAL. Mais, lentement, Cannes et ses multiples décors évoluent. Le public devient foule. Les années 60 s'annoncent plus bruyantes, plus tapageuses, plus mouvementées. De nouveaux visages d'acteurs, d'actrices, et de metteurs en scène apparaissent. François Truffaut et un gamin de quatorze ans se promènent sur les hauteurs de Cannes. Monica Vitti et Antonioni déjeunent à la Napoule. Godard et Anna Karina déambulent en amoureux sur la Croisette… C'est la *dolce vita* à l'italienne. C'est aussi la Nouvelle Vague à la française. C'en est fini des belles manières et du style un peu guindé des années 50. Cocteau n'est plus là pour orchestrer le ballet du festival. Les journalistes sont plus nombreux, la pression se fait plus forte. Les médias se font plus présents, plus pressants. Lorsque B.B. revient à Cannes en 1967, c'est l'hystérie complète. Bousculades, on frôle la catastrophe. La star ne reviendra plus… La télévision brusquement s'impose comme le relais essentiel du cinéma, pouvant transmettre instantanément toutes les images de Cannes à travers le monde. La photographie décline, en tout cas se marginalise, n'ayant plus droit qu'à la portion congrue. Les photos des années 80 sont moins vibrantes, se répètent, car les photographes sont parqués à l'intérieur d'un périmètre réservé. Ils n'ont droit qu'à la montée des marches du nouveau Palais, inauguré en 1983. Ou aux poses officielles sur l'une des terrasses donnant sur la mer, avec l'équipe du film, le cinéaste entouré de ses comédiens, souriant devant une grappe de photographes dûment accrédités. Le temps de la pose est désormais compté. Standardisation du festival, donc de ses images. Les stars deviennent craintives, on les voit moins, on les devine parfois, noyées dans la foule. Ou alors elles font leur numéro : *clic clac* les centaines de photographes prennent la même photo au même moment, au même endroit. Plus on est célèbre, moins il faut être *vu*. Ou alors selon un rituel « médiatique ». Car le village cannois est devenu réellement planétaire. Le monde entier est branché en direct… Plus d'intimité, plus de complicité entre le photographe et *sa* star. *« Le nouveau Palais a cristallisé le changement*, dit Gilles Traverso, qui a succédé à son père au milieu des années 70. *Le fait d'être dans l'ancien Palais, avec son style rococo, nous rattachait encore à la nostalgie des années antérieures, même s'il y avait déjà plus de télévisions et de médias. Le lien avec le passé était encore possible. Le nouvel édifice a cassé les anciennes références. Et l'entrée dans ce nouveau lieu est allé de pair avec la multiplication des télévisions. Dès que nous y sommes entrés, il était clair que nous, les photographes, n'y avions plus notre place. »* Les Traverso ont enregistré cette lente et irrésistible évolution du festival de Cannes vers sa formule actuelle. Avec humilité et constance, ils ont été les témoins privilégiés du festival depuis cinquante ans, et leurs innombrables photos constituent un matériau exceptionnel qui éclaire l'histoire du cinéma et de sa représentation.

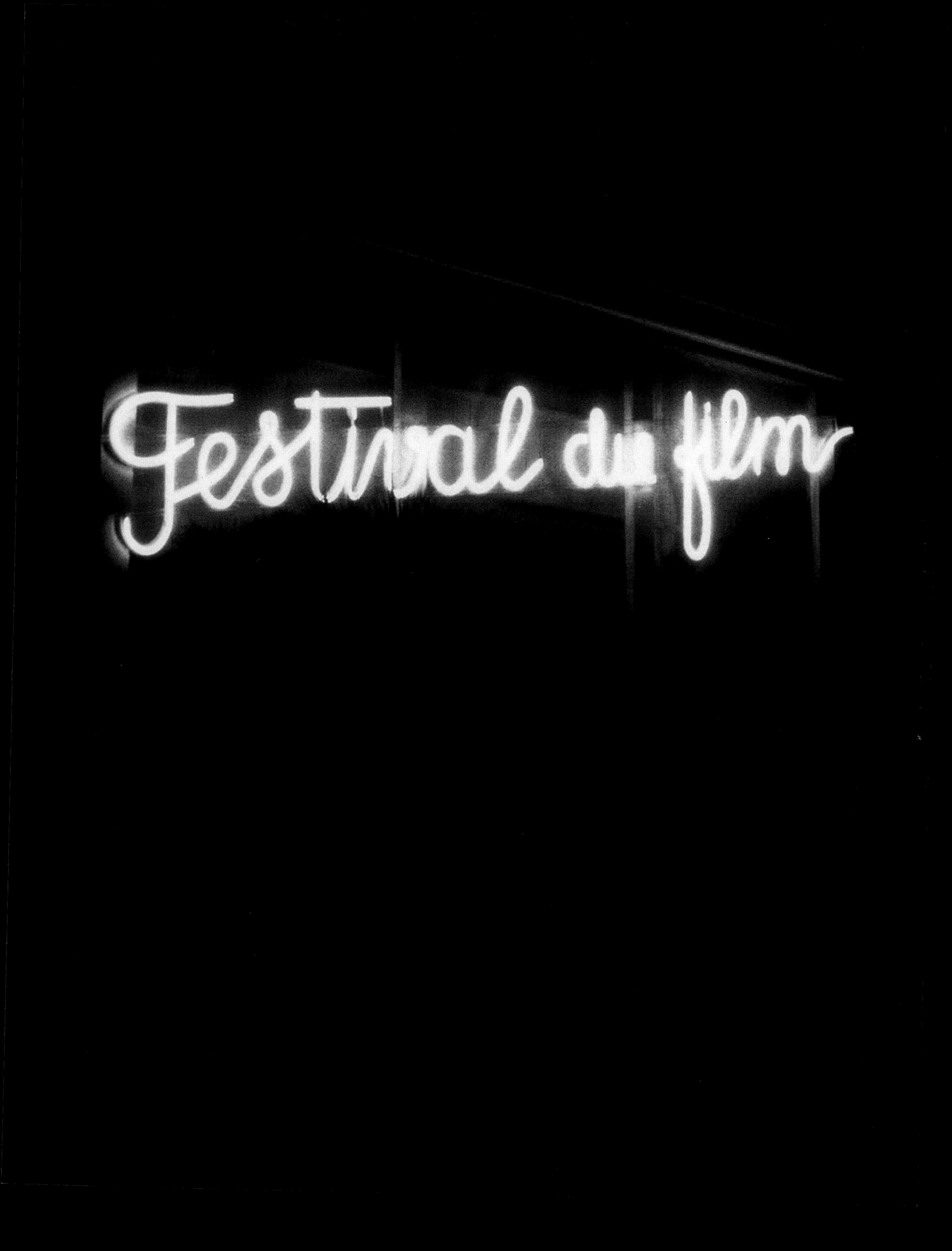
Festival du film

Louis Lumière accueilli par le maire de Cannes en 1939

1939 ▶ 1949

Louis Lumière entre le maire de Cannes et sa femme, 1939

Qui mieux que l'inventeur du cinématographe pouvait assurer la présidence d'honneur du premier festival international du film ? En septembre 1939, Louis Lumière, venu de la Ciotat où il réside, débarque en gare de Cannes. Accueilli par le maire de la ville, son arrivée revêt une allure symbolique. L'image de cet illustre voisin protégé par un canotier, semble tout droit sortie du *remake* d'un film ancien : *L'Arrivée d'un train en gare...* **Au moment où cette paisible photo ensoleillée est prise, l'Europe entière est en train de vaciller sous la terrible menace d'un dictateur. Il faudra remettre le festival à plus tard, une fois que les canons se seront tus. En 1946, avec le retour à la paix, le cinéma mondial se donne à nouveau rendez-vous à Cannes.**

Marcel L'Herbier, 1946

En 1946, Marcel L'Herbier faisait partie du Comité d'organisation, tout comme Jacques Becker et les critiques Léon Moussinac et Georges Sadoul. Ce comité était placé sous la présidence de Michel Fourré-Cormeray, directeur général du Centre national de la cinématographie. Le jury cette année-là était présidé par Georges Huisman, directeur général des Beaux-Arts. Le choix des films était prestigieux : *La Bataille du rail* de René Clément, *La Belle et la bête* de Jean Cocteau, *Partie de campagne* de Jean Renoir, *Brève rencontre* de David Lean, *Notorious* d'Alfred Hitchcock, *Gilda* de Charles Vidor, *The Lost Week-end* de Billy Wilder, *Rome ville ouverte* de Robert Rossellini, *Gaslight* de George Cukor, un film de Walt Disney... Le jury avait l'embarras du choix.

Michèle Morgan, 1946 ; derrière elle, on reconnaît Jean Delannoy

Mais, au sortir de la guerre, il était légitime de récompenser chaque pays. Ce qui fut fait, le Prix du jury international allant à *La Bataille du rail*, qui exaltait la résistance française. Michèle Morgan, à peine rentrée d'Amérique, obtenait le Prix de la meilleure interprétation pour son rôle dans *La Symphonie pastorale* de Jean Delannoy.

Tyrone Power, 1949

Sûr de sa beauté et de son sourire, Tyrone Power peut poser en maillot. La gestuelle festivalière reste à inventer. Pour le moment, on est là en villégiature. Le festival n'impose encore aucun rite à respecter, aucun décor n'est prêt, impossible de tricher ou de s'abriter derrière quelque paravent. Le naturel triomphe. Juste après

Madeleine Renaud et Jean-Louis Barrault, 1946

guerre, Madeleine Renaud et Jean-Louis Barrault viennent de fon-
der leur compagnie théâtrale. Il jouit du prestige d'être l'un des
acteurs vedettes du film-emblème du cinéma français durant
l'Occupation : *Les Enfants du paradis* de Marcel Carné. Elle vient de
faire film sur film avec Jean Grémillon, dont le sublime *Lumière d'été*.

Martine Carol, 1947

En 1947, Martine Carol n'est encore qu'une starlette qui n'hésite pas à dévoiler un physique très attrayant. Mais sa carrière a du mal à démarrer, jusqu'à ce que, par dépit amoureux, elle se jette dans la Seine du haut du Pont de l'Alma. Ce fait divers la rend célèbre. Car heureusement repêchée, elle sera la vedette de *Caroline Chérie,* **le film que Richard Pottier réalisera en 1951 d'après le roman de Cécil Saint-Laurent. D'une carrière somme toute très cahotique, on retient évidemment aujourd'hui** *Lola Montès,* **le dernier film réalisé par Max Ophuls en 1955, dans lequel l'actrice joue le rôle émouvant d'une ancienne courtisane devenue la principale attraction d'un cirque.**

Starlettes, 1947

Très vite, la ville de Cannes organise chaque année des concours de beauté. L'une des attractions du festival, c'est l'apparition de starlettes, dont certaines deviendront célèbres... Photographiées ou même filmées, on les appellera plus tard des *pin'up*. L'heureuse élue n'a plus qu'à rêver à un hypothétique destin de star...

Maurice Chevalier et Miss Festival, 1947

Avec l'abattage d'un vieux briscard charmeur qui sait tout faire,
que ce soit au music-hall, au cabaret, au cinéma ou au théâtre,
Maurice Chevalier prend également à cœur le parrainage de la
première Miss Cannes en 1947. Un gage de réussite pour l'heureuse
élue ! Certains baisers ressemblent à ceux qu'on échange sur un

1939

Michèle Morgan et Henri Vidal

écran de cinéma. Et il en est d'autres, plus vrais que nature, que l'on se donne par amour. Michèle Morgan et Henri Vidal formaient un couple dans la vie, né d'une rencontre sur le tournage de *Fabiola,* une énorme production italienne tournée en 1949 par Alessandro Blasetti. Dix années plus tard, le destin les sépara...

Rita Hayworth, 1949

A Cannes, les stars américaines amènent avec elles du *glamour*, mot intraduisible en français. Mais il n'y a pas de cinéma sans glamour. Et le festival n'aurait pu subsister sans mettre en scène et en lumière l'*aura* des stars. *Put the Blame on Mame*, chantait cette sublime rousse qui ôtait lentement ses gants de satin noir...

Edward G. Robinson et Elsa Maxwell, 1949

Elsa Maxwell, l'une des plus fameuses échotières de la presse hollywoodienne, offrit en 1949 un dîner à Cannes de deux cents couverts. Occasion pour elle d'accueillir le grand Edward G. Robinson. Souvent cantonné dans des personnages de gangster, cet acteur prodigieux prouve qu'il est à l'aise dans d'autres registres.

Affiches pour *La Belle et la bête*, 1946

Dans l'après-guerre, le cinéma vit une époque d'euphorie. Car, la paix revenue, il est enfin de nouveau possible de revoir sur les écrans européens des films américains. La boulimie est telle qu'il faut vite signer les fameux accords Blum-Byrnes, afin de réglementer la distribution dans les salles et protéger au maximum les cinématographies nationales. Ce sera, et c'est d'ailleurs encore, le rôle du festival de Cannes que de tenter de maintenir cet équilibre fragile, instable, entre grosses productions hollywoodiennes et cinéma d'auteur européen ou provenant d'autres continents. L'après-guerre correspond aussi à la période d'apogée des ciné-clubs, les magazines de cinéma se multiplient, de nouvelles revues cinéphiles apparaissent... Le cinéma n'a

Conférence de journalistes, 1949

jamais été autant prisé, les salles sont bondées, on reconstruit le monde après l'avoir détruit, et les rêves collectifs sont portés par des films. Cette passion du cinéma, on la devine chez ces journalistes de la presse écrite ou radiophonique, véritables pionniers des premiers festivals de Cannes. On a le sentiment qu'ils sont peu nombreux, et que leurs conditions de travail sont rudimentaires. Pour les enregistrements radiophoniques, il n'existe pas encore de studio. Il n'y a visiblement pas non plus de salle de presse. Alors on improvise. Il s'agit d'inventer tout simplement le festival de Cannes. C'est ce côté amateur et bricoleur qui transparaît de ces photos Traverso.

Construction du Palais des Festivals en 1946-1947

Dès 1946, la ville de Cannes décide de faire construire à la hâte un Palais du festival, sur la Croisette, à la place de l'ancien Casino municipal. Les travaux commencent évidemment avec retard et durent à peine quelques mois. A deux jours de la soirée d'ouverture du festival 1947, ce qui doit tenir lieu de Palais est encore encombré d'échafaudages, d'échelles, de sacs de ciment. Chacun se demande comment ce chantier pourra se transformer en salle de projection digne de ce nom. Mais les ouvriers cannois, tels des décorateurs de cinéma, se révèlent maîtres dans l'art de l'illusion et du camouflage. Et tout est prêt pour la soirée d'inauguration. Ils sont applaudis, se tenant sur scène habillés dans leurs bleus de travail, aux côtés du maire de la ville. Quelque temps plus tard,

Chantier du Palais, 1947

une violente tempête emporte le toit du Palais, et c'est encore une fois *in extremis* que la seconde tranche de travaux, comprenant l'ouverture d'un balcon, est achevée à temps pour le festival 1949. Définitivement terminée, la salle est grande et confortable : près de 1500 places réparties entre l'orchestre et le balcon. Le bâtiment est fonctionnel et garde indéniablement un côté provisoire, ressemblant à un décor de cinéma. Devant, la façade abrite un hall vitré et quelques marches menant vers la salle de projection. Dehors, les palmiers, les terrasses de café, la mer... Mais le festival de Cannes connaît certaines difficultés pour trouver ses marques. La preuve : l'édition 1948 a été annulée, faute de crédits. Tout comme celle de 1950.

Le Palais des Festivals en 1947

Le critique André Bazin comparait ce Palais du festival dressé sur la Croisette à un « moderne monastère du cinématographe ». Le monastère enfin construit, les rites vont pouvoir commencer, les vedettes vont défiler en habits de gala. Et depuis le bas des marches, la foule des admirateurs n'aura d'yeux que pour elles.

Les marches du Palais des Festivals, 1949

Conçu pour accueillir des films de toutes les nationalités, dans un climat redevenu pacifique après la Seconde Guerre mondiale, Cannes va vivre désormais pendant quelques années sous le régime de la Guerre froide. Soviétiques et Américains rivalisent dans tous les domaines : industriels, militaires, culturels et scientifiques. Chacun doit choisir son camp. Le cinéma va également connaître ce genre de compétition : d'un côté Hollywood, de l'autre Mosfilms. On conviendra que le combat fut très inégal. Avant que la « coexistence pacifique » ne revienne apaiser les esprits. Mais, pour de longues années encore, le festival se place sous le signe des Nations. Chaque soir, le cérémonial du cinéma à Cannes devra tenir compte de ces contraintes toutes diplomatiques.

Michel Auclair, Simone Signoret et Daniel Gélin, 1946

Mais il suffit de quelques sourires pour que toutes ces contraintes disparaissent ou s'évanouissent. Car les actrices et les acteurs sont à Cannes les meilleurs ambassadeurs du plaisir et de la convivialité. Ainsi que du style et de l'élégance. Le plaisir d'être là, une nonchalance dans la pose. Une certaine manière de sourire, en

Jean-Pierre Aumont et Tyrone Power, 1949

regardant l'objectif avec un air complice. De fumer une cigarette en soignant le geste. Le décor est planté pour que, la nuit venue, ces stars en noir ou en blanc puissent briller de mille feux et apporter leur part de rêve. Un demi-siècle après sa naissance, le cinéma est en train d'inventer un rituel culturel et cultuel. Une cérémonie au

Errol Flynn et Tilda Thamar, 1949

cours de laquelle chacun présente ses lettres de créance au Cinéma. Les premiers témoins de ces rites sont les photographes. Il leur revient d'accueillir les vedettes, de faire leurs portraits, d'offrir au regard anonyme du public ces arrêts sur images merveilleux. Le festival de Cannes, à l'origine, invente une fête de lampions sur une

Foule, 1949

plage, avec quelques stars abritées derrière les canisses. Mais la plus belle invention de Cannes, dès cette époque, c'est la foule réunie autour de feux de camp, espérant voir passer quelques étoiles filantes. Il n'y a pas de cérémonie sans public. C'est pour tous ces admirateurs d'images que le festival a inventé quelque chose.

1 Michèle Morgan, 1958 2 et 4 Jeanne Moreau, 1958 3 Bourvil, 1958 5 Louis Malle, Jeanne Moreau et Napoléon Murat, 1958 6 Dora Doll ; derrière elle, Blanchette Brunoy, 1951

1950 ▶ 1959

1 Charles Boyer, Félix Marten, Michèle Morgan et Henri Verneuil, 1958 2 Charles Boyer, Michèle Morgan, Arletty et Félix Marten, 1958 3 Grace Kelly, Olivia de Havilland et son mari Pierre Galante, 1955 4 Dr Bonhomme (adjoint au maire), François Mitterrand et M. Delplanque (sous- préfet), 1956.

Dans les années 50, le train est encore le moyen le plus commode pour se rendre à Cannes. En dépit d'un long voyage de nuit en wagons-lits, les vedettes apparaissent déjà sous leur meilleur jour. Mais que de valises ! Toutes sont pleines des tenues les plus extravagantes, car les actrices savent qu'elles vont devoir briller durant leur séjour sur la Croisette. Faut-il parler d'un devoir quand il n'est visiblement question que de séduire ? Parmi les personnalités invitées se glisse parfois un ministre… En 1956, alors Garde des Sceaux, François Mitterrand vient inaugurer le IXe festival, après avoir assisté au mariage de Grace Kelly et du Prince Rainier de Monaco.

Brigitte Bardot, 1956

En 1956 toujours, Brigitte Bardot, elle, arrive presque *incognito* en gare de Cannes... Et en voisine. Car elle tourne alors *Et Dieu créa la femme*, à Saint-Tropez, sous la direction de Roger Vadim. Ce film fera d'elle une star. « *C'était ses débuts, nous n'étions pas nombreux à l'attendre à la gare* », dit Henri Traverso.

Vittorio de Sica et Sophia Loren, 1955

Il peut aussi y avoir foule. « *Quand les acteurs italiens arrivaient, il était difficile de les photographier, car nous n'étions pas seuls à les attendre* », poursuit Henri Traverso. Les années 50 incarnent en effet un véritable âge d'or du cinéma italien, représenté chaque année par une forte délégation de vedettes et de cinéastes célèbres.

Simone Signoret, 1959.

Dès leurs arrivées en gare, les vedettes souvent chargées de bouquets de fleurs sont emmenées en voiture jusqu'à leurs hôtels. C'est l'occasion d'une première parade sur la Croisette. On voit bien que cinéma et voiture faisaient déjà bon ménage. La voiture incarne parfaitement le boom industriel des années 50.

1 Jeanne Moreau, 1954 **2** Esther Williams et son mari, 1955 **3** Michèle Morgan, 1954 **4** Gina Lollobrigida, 1953

Le cinéma, art de la forme et du mouvement, est également véhicule de rêve et de modernité, ce qui l'autorise à prêter main forte à une industrie alors en plein essor. Aussi, les actrices posent ou n'hésitent pas à prendre le volant… Voitures et cinéma se partagent harmonieusement les signes extérieurs de la modernité.

1 Starlette, 1958 2 Liz Taylor, 1950 3 Jeanne Moreau, 1954 4 Pascale Roberts, 1957 5 Brigitte Auber, 1957 6 Rhonda Fleming, 1959

A l'Eden Roc, Elizabeth Taylor pose en maillot pour des photographes amateurs. Regardez comme ces derniers se tiennent à une distance respectueuse, tandis qu'elle apparaît sans aucune affectation, presque timide, comme si elle était leur copine ou leur jeune sœur. Et sur la Croisette, elle fait la pose, cette fois entourée de deux

Liz Taylor, 1950

marins. Le « star system » n'impose pas encore de règle trop rigide. La simplicité est possible, alliée à une élégance naturelle. Les stars font rêver, mais on peut les rencontrer, et se faire prendre en photo à leur côté. Les actrices se prêtent au jeu, comme si cela faisait partie d'un contrat implicite entre elles et les photographes.

Brigitte Bardot, 1955 et 1956

B.B. à Cannes ou l'épanouissement radieux d'une future star de cinéma. Dans cette série d'images, une actrice invente le naturel, qui surgit à l'état pur. Nul besoin de maquillage. Le vêtement se fait simple, pour mieux exprimer la liberté du corps. Bardot n'a pas encore tourné les films qui feront sa renommée mondiale : *Et Dieu créa la femme* (Roger Vadim), *Une parisienne* (Michel Boisrond) et *En cas de malheur* (Claude Autant-Lara). Qu'à cela ne tienne ! Déjà le cinéma français reçoit sa première grande secousse, avant l'éclosion prochaine de la Nouvelle Vague. Un mythe est né. Le paradoxe, c'est que B.B. n'a jamais aimé le festival. « *Pour moi, Cannes c'était l'horreur !* », écrira-t-elle, plus tard, dans ses mémoires.

Eddie Constantine et Brigitte Bardot, 1955

Présent à Cannes en 1955 pour promouvoir *Ça va barder*, un film de John Berry, Eddie Constantine, alias Lemmy Caution, s'apprête-t-il à rejouer avec B.B. une scène de son précédent film, *Les Femmes s'en balancent ?* Sans se prendre trop au sérieux, l'acteur n'a aucun mal à soulever l'actrice, symbole léger d'une jeunesse en liberté

Ludmilla Tchérina, Michèle Morgan, Edwige Feuillère, Brigitte Bardot et Robert Favre le Bret qui cache en partie Danielle Mitterrand ; de dos, François Mitterrand, 1956

Très entourée, Brigitte Bardot à la Napoule : Michèle Morgan, Edwige Feuillère, Robert Favre Le Bret (délégué général du festival : l'homme aux lunettes noires, derrière elle), François Mitterrand (à d.), Danielle Mitterrand (au fond, avec des lunettes noires). Comment se fait-il que l'on ne voit qu'elle ? Parce que tout le monde

Brigitte Bardot, 1955

est déguisé, sauf elle ? B.B. aurait pu n'être qu'une starlette d'un seul été. Poursuivie par une foule de curieux, elle a le don d'inventer un style, qui rompt avec l'image alors vieillotte du cinéma français. Courir pieds nus sur le sable : il fallait y penser ! « *On lui avait demandé de courir pour prendre du mouvement…* », dit Traverso.

Grace Kelly, 1955

En 1955, Grace Kelly est présente à Cannes avec un film : *The Country Girl* de George Seaton, pour lequel elle obtint un Oscar. Déjà égérie d'Alfred Hitchcock, elle est en train de tourner sous sa direction *To Catch a Thief*, avec Cary Grant, sur la Côte d'Azur. Cette année-là, Grace Kelly jouit encore paisiblement de son statut de star. Entre

1950

1, 2, 3, 4 et 5 Grace Kelly, 1955 **6** Grace Kelly et le Prince Rainier, 1958

elle et les photographes, il se noue comme une complicité ludique. « *Elle nous avait invités à boire un verre à une terrasse, après la séance de photos* », dit Henri Traverso. Bientôt, la star deviendra princesse, et les photos perdront de leur belle simplicité. Car le statut même de l'image change : plus officielle, donc moins naturelle.

Marina Vlady et Alain Delon, 1959

Après l'heure B.B., le cinéma français a rendez-vous avec Alain Delon. Ses premières apparitions à l'écran n'ont encore rien de décisif. Mais sa jeunesse éclate déjà, et son insolente beauté est la preuve manifeste que le cinéma français n'attend que lui. Alain Delon ou la désinvolture : ici aux côtés de Marina Vlady. Avec *Plein soleil*,

Alain Delon et Bella Darvi, 1958

le film de René Clément, Alain Delon deviendra star… En attendant, Delon profite de Cannes pour se faire une image. Rien de plus naturel, pour lui aussi, que de marcher sur le bord de la plage en compagnie de la charmante Bella Darvi. Mais il va devoir quitter le festival, car René Clément l'attend pour tourner…

Aux Iles de Lérins : Robert Favre Le Bret, Roberto Rossellini, Ingrid Bergman, Vittorio de Sica, Otto Preminger. Au premier plan : Jules Dassin, 1956

Cannes ou l'art de vivre. Cannes ou la villégiature. Le trajet en bateau jusqu'aux Iles de Lerins, au large de la Croisette, est un vrai plaisir. Derrière Sainte-Marguerite, la deuxième île appartenait à des moines depuis le début du siècle. « *Chez Frédéric, on mangeait de la langouste grillée et de la bouillabaisse* **», témoigne Henri Traverso.**

46 | 1950

Brigitte Bardot, Christine Gouze-Rénal et François Mitterrand ; au fond, Danielle Mitterrand, 1956

La star et le Garde des Sceaux suivent des chemins parallèles, le temps d'un festival. Leurs regards ont visiblement du mal à se croiser, ne serait-ce que le temps d'un déjeuner à la Napoule. Christine Gouze-Rénal est ravie d'avoir un autographe. B.B. a lancé la mode du T-shirt marin, déjà imitée par Danielle Mitterrand.

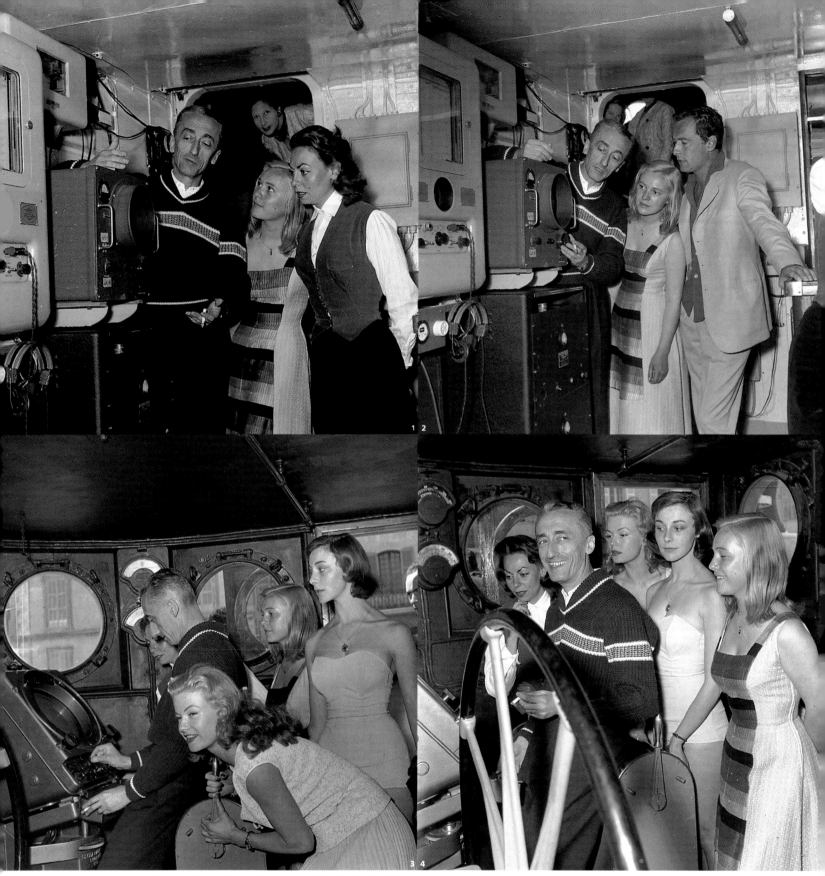

1,3 et 4 Jacques-Yves Cousteau et Nicole Berger à bord de la Calypso **2** avec Maurice Ronet, 1956

Le Commandant Jacques-Yves Cousteau accueille ses invités à bord de la « Calypso », occasion de leur faire admirer les fonds marins, au large des eaux cannoises. En 1956, *Le Monde du silence*, co-réalisé par Cousteau et Louis Malle, obtient la Palme d'or à Cannes. Ce prix attribué à « Jo le mérou » fit paraît-il beaucoup jaser…

1 et 2 Mise en scène sur la plage 3 Jack Palance et Simone Silva aux Iles de Lérins, 1954 4 Brigitte Bardot, 1957 5 Miss Festival et ses dauphines, 1956 6 Jacques Charron, 1959

Jeux de plage et gags. Le personnage du cinéphile, ici sortant de l'eau avec des bobines de film, fait son apparition dans l'imaginaire du festival… Bardot, « fragile », lance la mode du T-shirt ; il y a peu, ce vêtement était encore un « maillot de corps ». Une, deux, trois « Miss Cannes » : le rituel commence déjà à prendre un air vieillot.

1 Jacqueline Pierreux, Rhonda Fleming et Claude Chabrol, 1959 2 Robert Favre le Bret, 1951 3 Irène Papas, Maria Pia Casilio, Danièle Delorme et Gina Lollobrigida, 1952 4 Françoise Arnoul et Gina Lollobrigida, 1954 5 Pascale Petit, Charles Aznavour, Nicole Berger et Mylène Demongeot, 1959 6 Michèle Morgan, Robert Mitchum, Raymond Pellegrin, Richard Todd et Janet Scott, 1954 7 Pascale Petit, Charles Aznavour et Mylène Demongeot, 1959 8 Robert Mitchum, Raymond Pellegrin, Janet Scott et Richard Todd 9 Robert Mitchum, Raymond Pellegrin, Richard Todd et Janet Scott 1954

Le festival de Cannes ou l'art de vivre (suite). Ambiance de village à l'heure de la pétanque, sur la plage de la Pantière. Inscrits dans des tournois, acteurs, actrices, cinéastes et journalistes rivalisent d'adresse . On pointe, on tire, on mesure… « *Ça faisait un sujet pour les photographes* », dit Henri Traverso. Tous mettent une évidente bonne humeur à ces jeux, l'essentiel étant d'éviter le cliché, quitte à inventer quelques mimiques. On reconnaît Claude Chabrol, Robert Favre le Bret, Irène Papas, Danièle Delorme, Gina Lollobrigida, Pascale Petit, Charles Aznavour, Mylène Demongeot, Michèle Morgan, Robert Mitchum, Raymond Pellegrin. L'art de vivre

1 Sortie aux Îles de Lérins, 1952 **2** Kirk Douglas, la Mère Terrat et Edward G. Robinson, 1953 **3** Louis Malle et Marie Laforêt, 1959 **4** Charles Vanel et Anne Baxter, 1953 **5** Henri-Georges Clouzot 1955 **6** Leslie Caron, Olivia de Havilland et Edward G. Robinson. Debout : Mel Ferrer, 1953

est ce qui transparaît de manière la plus évidente de ces images du festival, dans les années 50. Les projections ayant lieu en fin d'après-midi et dans la soirée, les festivaliers ont maintes occasions d'occuper leur temps et leurs loisirs. D'où ce sentiment de convivialité, cette absence totale de préjugés. Une certaine manière de vivre au présent, sous le regard amical du public et des photographes. Ambiance pique-nique, dans le style d'une fête de village. A la Napoule, le restaurant de la Mère Terrat était un haut lieu gastronomique et de festivités. Entourant la mère Terrat, Edward G. Robinson et Kirk Douglas en sont convaincus.

Sophia Loren, 1959

En 1959, elle n'est à Cannes que pour tenir compagnie à Carlo Ponti, qui fait partie du jury présidé par Marcel Achard. Le soleil joue sur sa bouche, la lumière est faite pour ses yeux, et le grain de sa peau, même dans l'ombre, luit : Sophia Loren. Elle est sans conteste l'actrice la plus photographiée de toute l'histoire du festival.

Henry Fonda, 1957

Invité d'honneur du festival de Cannes en 1957, Henri Fonda s'apprête à revenir au cinéma après de longues années consacrées au théâtre. Assis tranquillement à une terrasse, il est abordé par une jeune femme habillée d'une robe à losanges, qui lui offre un parfum. Indécis, l'acteur demande l'avis de son voisin.

1 Folco Lulli et Françoise Arnoul, 1955 2 Grégoire Aslan et Viviane Romance, 1957 3 Raf Vallone, venu à Cannes représenter *Rose Bernd*, 1957 4 Charles Aznavour en visite de promotion pour *Les Dragueurs*, 1959 5 Trevor Howard, présent pour *Le Tour du Monde en 80 jours*, 1957 6 Jean Gabin et Françoise Arnoul, acteurs de *French Cancan*, 1955 7 Maurice Ronet, Michel Auclair et Henri Jeanson, 1956 8 Henri Vidal et Michel Auclair, 1951 9 Eddie Constantine et Doris Day, 1955

Pêle-mêle : scènes au Blue Bar, rendez-vous des vedettes dès le début des années 50, poses sur la terrasse du Carlton et des cafés. Très éclectique, la tribu du cinéma prend son temps. On bavarde, on s'amuse, il règne une grande sérénité avant les projections du soir.

1 Eddie Constantine, 1955 2 Gary Cooper et Jean Marais, 1953 **3 et 4** Danny Kaye, 1956 5 Fernandel, 1956 6 Kirk Douglas et Tilda Thamar, 1953

Cannes est encore un village. Acteurs et actrices sont conviés à en être en quelque sorte les citoyens d'honneur. En 1955, Eddie Constantine est justement fait « citoyen d'honneur » du village de Cabris, dans l'arrière-pays. Excellente occasion de faire le pitre en compagnie du conseil municipal et des écoliers…

Jeanne Moreau, 1958

Les festivaliers ont coutume d'aller déjeuner à la Napoule, un endroit agréable tout proche de Cannes. Il est de tradition que chez la Mère Terrat, où nourriture et ambiance sont excellentes, les repas finissent souvent par des chansons. C'est gai ou triste, il y a parfois du vague à l'âme. Cela donne cette photo, mélange incroyable d'audace et de gravité : Jeanne Moreau debout sur une table, en train de chanter, le regard ailleurs. Ce n'est évidemment pas le photographe qui peut « mettre en scène » cette superbe photo, mais l'actrice elle-même, qui le fait sans complexe. 1958, c'est l'année où Jeanne Moreau accompagne Louis Malle, ils viennent présenter *Ascenseur pour l'échafaud*, montré hors festival.

Robert Mitchum, 1954

Elégant et charmeur, Robert Mitchum peut lui aussi chanter. Des airs de mambo et de calypso. C'est avec une timidité polie qu'il accepte les applaudissements de sa délicate voisine. 1954 : cette année-là, Mitchum tourna *La Rivière sans retour* sous la direction d'Otto Preminger, avec une star unique au monde, et grande absente de ce livre puisqu'elle ne vint jamais à Cannes : Marilyn Monroe. Comment concilier cette photo attendrissante de Mitchum, avec l'image d'un prédicateur diabolique et troublant, qui adorait faire peur aux enfants pour leur voler une poupée ? C'est pourtant le rôle que l'acteur incarnera, l'année suivante, dans le film-culte de Charles Laughton, *La Nuit du chasseur*. Comment pourrait-on oublier ces deux mots : « *H.a.t.e. and L.o.v.e.* ».

1 Yves Montand et Edward G. Robinson, 1953 2 Michel Auclair, 1956 3 Jacqueline Sassard, 1957 4 Réception sur le toit du Palais, 1951

Défilés et parades font partie intégrante du folklore cannois des années 50. Jacqueline Sassard participe à une parade d'acteurs. Epoque bénie où Yves Montand et Edward G. Robinson se promenaient tranquillement sur la Croisette, où une 2 CV pouvait se garer devant un palace, l'hôtel Martinez, à côté d'une superbe décapotable !

Bataille de fleurs, 1955

1955 : c'est la traditionnelle bataille de fleurs sur la croisette. Le corso est composé de chars fleuris, décorés par les élèves de l'I.d.h.e.c., et représentant les divers pays en compétition à Cannes. Plusieurs milliers de cannois assistent à ce tournoi fleuri, tandis qu'acteurs et actrices ont pris place dans les fiacres.

Vittorio De Sica, 1956

Assailli par les admiratrices et les chasseurs d'autographes à la sortie de son hôtel, l'impassible Vittorio de Sica s'exécute avec élégance. Célèbre à la fois comme acteur et metteur en scène, il a évidemment deux fois plus de chances d'être entouré. En 1956, il présente son film, *Il Tetto* (*Le Toit*) et n'en est déjà plus à son premier festival.

Brigitte Bardot, 1956

Tout sourires, les petits chasseurs d'autographes font assaut autour de Brigitte Bardot. Tout le monde semble avoir le même âge, la même joie de vivre. Et si l'actrice ne disait pas toute la vérité, rien que la vérité, lorsqu'elle affirmera avoir toujours détesté le festival de Cannes ? Car cette photo, qui ne ment pas, nous dit autre chose.

Kim Novak, 1956

1956 : Kim Novak est *la* star du festival, Truffaut en témoigne dans Arts : *« Imaginez l'érotisme de Marilyn Monroe avec le prestige de Lauren Bacall ; elle est intelligente, cultivée et peu farouche. Les déclics des appareils photo la meuvent, c'est-à-dire que sans la diriger aucunement, on peut prendre d'elle dix poses en dix secondes. »*

Diana Dors, 1956

Mini-émeute sur la terrasse du Carlton, la même année. L'actrice anglaise Diana Dors pose pour une séance de photos. « *A nous !* *A nous !* », sollicitent poliment mais avec véhémence ceux des photographes à qui elle tourne le dos. Ce qu'elle fait de bon gré. Il y a celles autour de qui on fait cercle. Comme autour d'une sculpture.

Gérard Philipe, 1956

Gérard Philipe a foule d'admiratrices à Cannes dont il est originaire et où il débuta sur les planches. Vedette de cinéma à part entière depuis que la délicieuse Micheline Presle a demandé à Claude Autant-Lara de l'avoir comme partenaire pour *Le Diable au corps*, il est, en 1956, au faîte de sa popularité, et tourne au cinéma comme au théâtre.

Jacques Tati, 1958

Qu'on se le dise : le festival récompense rarement l'humour. En 1958, Cannes accorde à *Mon oncle* le Prix spécial du jury « pour l'originalité et la puissance comique de son œuvre ». « *C'est un cinéma d'une autre planète, celle de la poésie. La cause est entendue : Jacques Tati a du génie.* », écrivait André Bazin dans *Le Parisien libéré.*

Marcel Pagnol, Françoise Arnoul, Jacqueline Pagnol et Jean Renoir, 1955

C'est l'une des rares photos de Jean Renoir à Cannes, venu en 1955 y présenter son film *French Cancan*, hors-compétition. Il est ici aux côtés de Jacqueline Pagnol, de son actrice Françoise Arnoul, et de Marcel Pagnol. Entre Renoir et le festival, curieusement, ça n'a jamais été une grande histoire d'amour. *Partie de campagne* y fut montré en 1946. Mais Renoir n'a par exemple jamais été président du jury. Il aurait sans doute eu plus de chances s'il avait été académicien. Autant dire qu'il n'en avait aucune… Jacques Becker, très ami de Renoir dont il fut l'assistant, est ici en compagnie d'Anne Vernon, celle qui fut son actrice dans *Edouard et Caroline* (en compétition à Cannes en 1951) et *Rue de l'Estrapade* (1952). « *Je me suis souvent demandé pourquoi j'aimais*

Anne Vernon et Jacques Becker, 1951

tant *Jacques Becker*, écrivit Renoir en 1962, deux ans après la disparition de son ami, *et pourquoi il m'aimait tant. L'amour du cinéma ? Je connais et ai connu cent camarades prêts à tout sacrifier au cinéma que je n'ai pas la moindre envie de fréquenter. Or Jacques et moi vivions ensemble comme un fils avec un père, peut-être même comme un frère avec un frère car nous oubliions notre différence d'âge. Il se trouvait que nos façons de nous laver, de nous raser, de ronfler ou de dormir silencieusement, de manger trop de saucisson à l'ail le matin, de fumer des cigarettes d'ailleurs différentes, de faire la part des choses et surtout des choses concernant les sens, rentraient facilement dans la même boîte, s'empilant les unes à côté des autres sans se gêner.* »

Orson Welles, 1953

Immense, colossal, Orson Welles fut souvent présent à Cannes. Durant la longue période où tous les films concouraient sous leur bannière nationale, ce prince toujours en exil par rapport à Hollywood dut trouver asile ailleurs. En 1952, *Othello* représentait le Maroc (Grand prix du festival). Quinze ans plus tard, *Chimes at Midnight* (*Falstaff*) portera les couleurs de l'Espagne (« Prix hors concours du festival pour sa contribution au cinéma mondial », en 1966). Orson vint également à Cannes comme acteur : *Le Troisième Homme*, de Carol Reed (Grand prix du festival en 1949), ou *The Long Hot Summer* (*Les Feux de l'été*) de Martin Ritt en 1958. Comme quoi, un auteur apatride peut, à lui seul, incarner le cinéma ! C'est l'époque où les plus grands auteurs européens

Federico Fellini et Giulietta Masina, 1957

– Fellini, Bergman, Bresson, Buñuel – commencent à être reconnus à Cannes. D'autres n'y viendront jamais, comme Max Ophuls pour ne citer que lui. Ni Fellini, ni Bergman, ni Bresson, ni Buñuel n'a encore obtenu une Palme d'or, juste quelques prix honorifiques. Prix de la mise en scène pour Robert Bresson en 1957, avec *Un condamné à mort s'est échappé*. Prix spécial du jury pour Ingmar Bergman, la même année, avec *Le Septième sceau*, et l'année suivante, Prix de la mise en scène pour *Au seuil de la vie*. Quant à Buñuel, son film *Nazarin* obtient le Prix international en 1959. En cette fin de décennie, le cinéma d'auteur émerge, mais se heurte au cinéma officiel, plus enclin à recevoir les lauriers cannois. Le rapport de force est encore nettement en faveur

Charles Chaplin, 1953

du cinéma académique. « *Il faut réformer le jury*, écrit Truffaut le 23 mai 1956 dans *Arts*. *Il faut renvoyer les diplomates à leur dosage. Cela fait, des protestations salueront encore la proclamation des récompenses. Mais elles s'adresseront à l'audace et non à la prudence. Mieux vaut l'excès que la médiocrité.* » C'est vers le milieu des années 50 que certains critiques des *Cahiers du cinéma* ont élaboré le concept de « politique des Auteurs ». Contre le cinéma des scénaristes et des producteurs, Truffaut, Rohmer, Rivette et Godard revendiquent un cinéma dont l'auteur n'est autre que celui qui assure la mise en scène. Ce point de vue, qui fera naître quelques furieuses polémiques, mettra plusieurs années avant de s'imposer à Cannes. En attendant, les films s'abritent

Abel Gance et Orson Welles, 1958

encore derrière des drapeaux, les délégations nationales font parfois pression sur les jurys, et les rapports de force politico-diplomatiques entre l'Est et l'Ouest sont pour le moins tendus. Ainsi, en 1956, la délégation allemande se permit d'exiger le retrait de la compétition du film d'Alain Resnais, *Nuit et brouillard*. Elle obtint gain de cause, si bien que le film fut projeté, mais hors festival... Chaplin, Gance et Welles sont de véritables dinosaures du cinéma. Qui donc pourrait leur contester le statut d'auteurs ? Non seulement le concept a été inventé pour rendre compte de leurs œuvres, mais on irait presque jusqu'à dire que ces trois-là constituent un pays très vaste, qui s'appelle *Cinéma*.

1 et 2 Marcel Achard et Françoise Arnoul, 1955 **3** Susan Hayward et Georges Simenon, 1956 **4** Yves Saint Laurent, Marcel Achard et Madame Achard, 1958

Dans les années 50, la tradition veut que les jurys cannois soient présidés par des académiciens : André Maurois, Maurice Genevoix, Jean Cocteau (à plusieurs reprises) et Marcel Pagnol, ces derniers étant il est vrai des écrivains-cinéastes. Cela dure jusque vers le milieu des années 60, les jurys incluant Jules Romains, Jean Paulhan, Armand Salacrou ou Jean Dutourd. En 1958 et 59, c'est au tour de Marcel Achard de présider le jury. Et d'accueillir à Cannes un tout jeune prodige de la mode : Yves Saint Laurent. En 1960, année décisive pour le cinéma, Georges Simenon prendra très à cœur son rôle de président du jury, dans lequel figurait un autre grand écrivain : Henry Miller. Simenon, ardent admirateur du film présenté par Federico Fellini cette année-là,

Jean Cocteau président et le jury de 1954

obtiendra un vote à l'unanimité pour décerner la Palme d'Or à *La Dolce Vita*. Et avec Cocteau, le cinéma n'a vraiment rien à craindre, car ce poète, cinéaste et artiste se veut un ardent défenseur du septième art. Autour de lui, le jury de l'année 1954 au grand complet. Tous se cachent les yeux derrière un long ruban de film : on reconnaît le scénariste Jean Aurenche (troisième en partant de la gauche), à ses côtés Philippe Erlanger, fondateur du festival, tandis que l'avant-dernier à droite n'est autre que le critique de cinéma André Bazin, qui fonda les *Cahiers du cinéma*. A cause de ce petit jeu surréaliste, impossible de reconnaître Luis Buñuel, qui faisait également partie du jury cette année-là : où se cache-t-il ? Voir page suivante.

Luis Buñuel, 1954

L'introuvable Luis Buñuel fut pourtant un habitué du festival. Combien de fois est-il venu présenter un film,
réfugié sous la bannière mexicaine tant que le sinistre Franco sévissait en Espagne ? Pas moins de huit fois.
Dès 1951, Don Luis obtenait le Prix de la mise en scène pour *Los Olvidados.* En 1952 : *Subida al cielo* était en
compétition. En 1953 : le sublime *El.* En 1959 : *Nazarin* obtint le Prix international, et le festival rendait hommage
à son auteur. En 1960 : *La Jeune fille* fut couronnée comme une « œuvre magistrale ». En 1961 : Palme d'or
pour *Viridiana*, présenté par l'Espagne, mais interdit aussitôt par le régime franquiste. En 1962 : *L'Ange
exterminateur* et en 1970 le sublime *Tristana.*

Jean Cocteau, 1954

Omniprésent à Cannes durant toutes ces années 50, Cocteau apparaît dans ces photos tel le parrain du festival. A moins qu'il ne fasse plutôt figure d'ange protecteur. Infatigable, on le voit partout, animant ou arbitrant des discussions, embrassant son ami Picasso venu en voisin assister à la projection d'un film. Cocteau fait indéniablement figure de *passeur* entre plusieurs mondes. Littérature et cinéma. Cinéma et poésie. Cinéma et mondanité. Car Cocteau est également le symbole de l'élégance, des belles manières, et d'une éternelle jeunesse d'esprit qui veut qu'en toute situation il y ait du style. C'est lui qui protège le festival de Cannes de la vulgarité. Cocteau ou l'*aura* d'un poète.

Vera Clouzot, Henri-Georges Clouzot, Pablo Picasso, Yves Montand et Françoise Gilot, 1953

En 1953, Cocteau n'avait pas eu trop de difficultés à convaincre le jury qu'il présidait d'accorder le Grand Prix international du Film au *Salaire de la peur*, de son ami Henri-Georges Clouzot. Celui-ci est entouré ici de sa femme, Vera Clouzot, de Picasso, d'Yves Montand et Françoise Gilot, se rendant à la projection officielle du film.

Pablo Picasso et Jean Cocteau, 1957

« Picasso estime, à juste titre, que "la peinture est une façon de vivre", maxime qui, traduite à l'usage de l'écrivain, m'a toujours servi de guide et enseigne à prendre une route solitaire qui n'existe pas sur les cartes. C'est de la sorte qu'on évite les gendarmes.», écrivait Cocteau dans son livre, *Mes monstres sacrés.*

1 Jayne Mansfield et Mickey Argitay, 1958 **2** Christian-Jaque et Martine Carol, 1958 **3** Mylène Demongeot, 1957 **4** Anouk Aimée et Maurice Ronet, 1958

Cannes by night. Ou comment les stars font leur entrée au Palais du festival. Moment où chacun pose, se retourne, exprime sa séduction pour satisfaire d'un sourire éclatant l'exigence tumultueuse des photographes. La star doit jouer de l'*arrêt sur image*, technique inconsciente qui suppose un *feeling* avec la meute

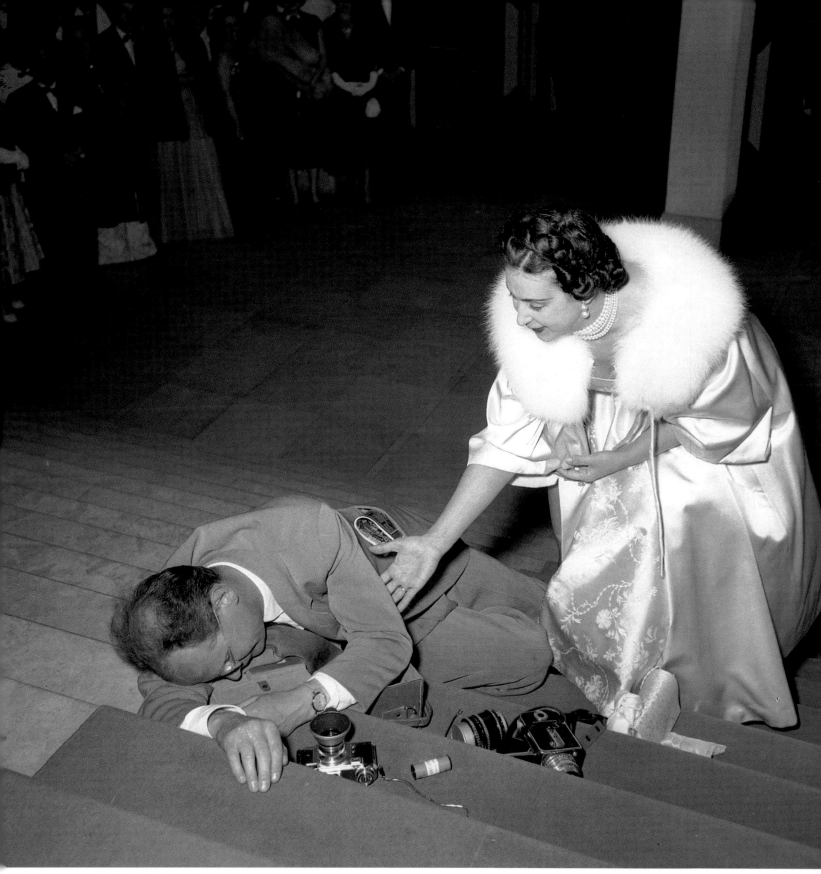

Mise en scène sur les marches du Palais

Ces derniers, pour rien au monde, ne veulent rater ces brefs instants magiques, où se joue une petite scène souvent comique. On se bouscule, on se piétine parfois. Il peut même arriver que l'un des photographes tombe à terre d'épuisement, ou parce qu'il a *manqué* l'instant magique.

Sophia Loren, 1958

Sophia Loren et Gina Lollobrigida sont les grandes rivales du cinéma italien. Mais ces divas ont au moins en commun d'avoir toutes deux été remarquées, vers la fin des années 40, à l'occasion de prix de beauté. Leurs trajectoires d'actrices sont à peu près parallèles : petits rôles dans des films italiens de série Z, puis rôles plus conséquents

Robert Favre Le Bret, Gina Lollobridgida, 1958

dans des films de cinéastes plus dignes (Monicelli, Bolognini, Comencini, De Sica, etc.), enfin carrière internationale *via* la France et Hollywood. Parce qu'elles sont rivales dans le cœur des spectateurs, chacune tient à se montrer sous son meilleur jour. Surtout la nuit, où l'une et l'autre portent avec grâce un élégant diadème.

Brigitte Fossey et Brigitte Bardot, 1955

Brigitte Bardot tenant par la main une autre Brigitte (Fossey, enfant-star révélée grâce à *Jeux interdits*, le film tourné par René Clément en 1952). Ou l'image de deux jeunes filles plutôt timides faisant leur entrée au milieu d'une haie d'honneur. Une sorte d'éloge militant de la simplicité ?

Jeanne Moreau, 1958

Jeanne Moreau aurait-elle déjà plus de métier ? Son sourire éclate, rayonne, alors même qu'elle pourrait légitimement en vouloir aux organisateurs du festival de ne pas avoir sélectionné en compétition officielle le film de Louis Malle, *Ascenseur pour l'échafaud*, ce film projeté hors festival qui l'impose comme actrice moderne. « *J'ai monté les marches, j'en ai dégringolé quelques-unes. Tout est toujours à recommencer et j'étais toujours en compagnie* », dira celle qui, au détour d'un couloir d'hôtel, fit cette même année la connaissance de François Truffaut, qui lui parla déjà d'un film à faire : *Jules et Jim*. On connaît la suite… Cette même année, *Le Beau Serge* de Claude Chabrol dût se contenter d'une projection *off*. On avait préféré *L'Eau vive*, de François Villiers.

Alain Delon et Estella Blain, 1958

Vers la fin des années 50, le renouveau du cinéma français passe autant par les nouveaux cinéastes que par les nouveaux visages d'acteurs. Beaucoup d'appelés, très peu d'élus. Alain Delon est déjà l'une de ces figures de proue. Rayonnant, on le voit ici, en 1958, aux côtés de l'actrice Estella Blain. Quel style !

Tatiana Samoïlova, 1958

Cette même année 1958, un film soviétique triomphe à Cannes en obtenant la Palme d'or. *Quand passent les cigognes*, de Mikhaïl Kalatozov, témoigne du renouveau du cinéma soviétique après de longues années de gel. Le sourire de Tatiana Samoïlova séduit le festival et le jury souligne «l'apport exceptionnel de son interprétation»

Gene Kelly, 1955

Dans les années 50, la télévision est encore balbutiante, si bien qu'elle se fait encore toute modeste. Le direct suppose un matériel très lourd, et le dispositif technique, trop complexe, ne permet pas de courir derrière les stars. Avec gentillesse, Gene Kelly accepte d'essuyer les plâtres en se prêtant au jeu de l'interview.

1 Jean Gabin, 1955 2 M. Méro, directeur du Carlton, Jean Marais, Gisèle Pascal, Gary Cooper avec France Roche, 1953 3 Gina Lollobridgida, 1955 4 Gérard Blain, 1959

Les journalistes de la radio ont moins de difficultés pour se familiariser avec les acteurs. Présente à Cannes depuis l'origine du festival, la radio a évidemment plus de légitimité que la télévision. Jean Gabin, Gina Lollobrigida et Gérard Blain répondent consciencieusement aux questions devant le micro.

Gene Kelly, 1959

Un Américain à Cannes ! Gene Kelly sait tout faire au cinéma : il est aussi bien acteur, danseur, chorégraphe, chanteur que cinéaste. Quoi d'autre ? En 1959, il est aussi membre du jury. Mais il n'est vraiment pas très courant qu'un juré cannois sache tout faire : jouer, danser, chanter, chorégraphier, mettre en scène, etc.

Jean-Pierre Léaud et François Truffaut, 1959

1959 c'est l'année où François Truffaut revient à Cannes sous sa nouvelle casquette, présenter son premier long métrage avec Jean-Pierre Léaud, *Les Quatre Cents Coups*. L'année précédente, c'est encore comme critique qu'il fréquentait le festival, où on l'avait pourtant jugé indésirable. Les organisateurs avaient trouvé ses articles trop polémiques. « *Le film de demain sera tourné par des aventuriers*, écrivait-il dans *Arts*. *Les jeunes cinéastes s'exprimeront à la première personne...* » Fidèle à son propos, l'ancien critique doit néanmoins subir un délicat examen de passage. Pour lui, s'exprimer à la première personne veut dire : faire corps avec Jean-Pierre Léaud. Une alliance qui va durer.

Jean Cocteau, 1959

Eminence grise du festival en cette année 1959, Jean Cocteau serait-il en train de comploter au téléphone ? Et avec qui ? Serait-ce avec le déjà facétieux Claude Chabrol ? Peut-être évoquent-ils la toute prochaine projection cannoise des *Quatre Cents Coups*, de leur ami Truffaut ? A moins qu'ils ne commentent le fait qu'*Hiroshima, mon amour*, le film d'Alain Resnais d'après un scénario de Marguerite Duras, ait été retenu mais hors compétition. En effet, en 1959, la balance penche du côté des jeunes auteurs. Ainsi, avant même l'ouverture du festival, Jean-Luc Godard signait le 22 avril dans l'hebdomadaire *Arts et spectacles* un premier cri de victoire : « *Nous avons gagné en faisant admettre le principe qu'un film de Hitchcock est aussi important qu'un livre d'Aragon.*

Claude Chabrol, 1959

Les auteurs des films, grâce à nous, sont entrés définitivement dans l'histoire de l'art [...] Aujourd'hui, il se trouve que nous avons remporté la victoire. Ce sont nos films qui vont à Cannes prouver que la France a joli visage, cinématographiquement parlant. Et l'année prochaine ce sera la même chose. N'en doutez pas ! Quinze films neufs, courageux, sincèrement lucides, beaux, barreront de nouveau la route aux productions conventionnelles. Car si nous avons gagné une bataille, la guerre n'est pas encore finie. » La nouvelle vague va déferler sur le vieux cinéma français, emportant tout sur son passage. Mais cette euphorie ne va durer qu'un temps. Déjà certains esprits chagrins s'apprêtent à accuser le jeune cinéma français de tous les maux.

Jean Cocteau, François Truffaut, Claude Chabrol et Jean-Pierre Léaud, 1959

Au nombre de quatre, les comploteurs sont apparemment sûrs de leur coup. Avec son compère Claude Chabrol, et sous le parrainage prestigieux d'un poète, François Truffaut, symbole du jeune cinéma français, s'apprête à mener sa première bataille publique, à laquelle participe en première ligne un jeune acteur prodige : Jean-Pierre Léaud.

Jean-Pierre Léaud, Madeleine et François Truffaut et Jean Cocteau, 1959

Le soir du 4 mai 1959, l'heure est venue pour Truffaut de se rendre à la projection officielle des *Quatre Cents Coups*, au Palais du Festival. Ont pris place dans son « carrosse » Jean-Pierre Léaud, sa femme Madeleine, et Jean Cocteau, tel un ange protecteur. Sur le visage du cinéaste, bonheur et anxiété visiblement mêlés.

Claire Maurier, Jean-Pierre Léaud, Albert Rémy et Georges Cravenne, 1959

Le soir-même, c'est un triomphe ! *France-Soir* peut titrer le lendemain de la projection : « *Un metteur en scène de 28 ans : François Truffaut. Une vedette de 14 ans : Jean-Pierre Léaud. Un triomphe à Cannes :* Les Quatre Cents Coups. » Et dans *Elle* : « *Jamais le festival n'a été si jeune, si heureux de vivre pour la gloire d'un art qu'aime la jeunesse. Le XIIe festival du film a le grand honneur de vous annoncer la renaissance du cinéma français.* ». Un critique accompli sous le regard du public se métamorphose, obtenant le Prix de la mise en scène. *Hiroshima, mon amour* secoue profondément le festival. Désormais, la Nouvelle Vague peut se lancer à l'assaut du cinéma, modifiant de manière déterminante le cours de choses à Cannes.

Carlo Ponti et Sophia Loren, 1959

Partout les flashes crépitent : Sophia Loren fait son entrée dans le Palais, protégée par Carlo Ponti. Au premier rang, on reconnaît les lunettes de Marcel Achard. Le mouvement autour de Sophia Loren est le même à chacune de ses apparitions : les photographes dessinent un cercle dont elle est le centre. La star rayonne.

1 et 2 Simone Signoret et Yves Montand, 1959 **3** Simone Signoret et François Truffaut, 1959 **4** Simone Signoret et Cary Grant ; à l'arrière plan, Michèle Morgan, 1959

Simone Signoret et François Truffaut s'évitent-ils du regard ? Sont-ils gênés d'être assis côte à côte ? Ou bien murmurent-ils quelques propos complices, ravis d'être tous deux cités au palmarès en cette année 1959. Simone Signoret remporte le Prix pour son interprétation dans *Les Chemins de la haute ville* de Jack Clayton en 1959. Son extraordinaire performance dans ce film lui vaudra une reconnaissance mondiale assortie d'une pluie de récompenses : Oscar à Hollywood, British Academy Award... François Truffaut quant à lui reçoit le Prix de la Mise en scène pour *Les Quatre Cents Coups*. Complice et amoureuse, Simone Signoret aux côtés d'Yves Montand. Ou discutant avec Cary Grant en 1959 toujours.

Yves Montand, 1959

Il y a des instants à saisir, à ne pas manquer, où tout bon photographe se doit d'être là. Celui où une vedette lui offre ce geste simple et magique de changer de chaussures, en plein milieu du Carlton. Yves Montand, qui avait paraît-il oublié ses vernis à Saint-Paul-de-Vence, a juste le temps de les mettre avant la projection officielle.

Mike Todd et Liz Taylor, 1957

Ces photos Traverso, parcourant les années 50, nous laissent imaginer une histoire du festival, qui prendrait en compte divers paramètres ou points de vue, chacun révélant une part de vérité du cinéma. L'histoire la plus évidente que dévoilent ces photos, c'est celle du festival sous l'angle du *star system*. Sous nos yeux, le Festival de Cannes est devenu au fil des années une espèce de scène géante sur laquelle a défilé tout ce que le cinéma mondial a compté de célébrités, de visages et de corps sublimes. Corps d'acteurs, et surtout corps d'actrices. Leur *glamour*, leur élégance, leur simplicité grandiose, cette manière de répondre avec gentillesse, d'un sourire, d'une mimique ou d'une pose, aux sollicitations des photographes, sans que

Kim Novak, 1959

l'on puisse démêler la part de professionnalisme dans le geste, et ce qui relève d'une vraie innocence ou candeur, tout cela dessine une magnifique *histoire du regard*. Cette histoire du *star system* à Cannes s'est écrite à travers la lumière, celle du jour et celle de la nuit. Ces lumières ont sculpté la beauté, et l'ont offerte au regard de tous. C'est ce mélange d'élégance et de simplicité qui fait tout le charme de ces années 50. Situés aux premières loges, les photographes, et singulièrement les Traverso, ont été en quelque sorte les modestes artisans d'une véritable histoire du regard. Ils ont eu l'innocence de prendre le cinéma comme il venait, le *corps du cinéma* tel qu'il se présentait, avec sa simplicité et sa grandeur, ses postures et ses

Jean Cocteau et Gina Lollobrigida, 1954

mimiques, ses moments de pur hasard et ses attitudes déjà « mises en scène ». Le cinéma comme il s'offre à l'œil mécanique de l'appareil, sans forçage et sans rapport de force. Les années 50, c'était l'époque bénie où une alliance tacite unissait les *stars* et les photographes. Leur regard savait capter ou caresser les moindres vibrations de peau et de lumière, et ces vibrations nous atteignent aujourd'hui encore. C'est donc l'histoire la plus évidente, la plus manifeste du festival de Cannes. Celui-ci mettait en lumière les stars, et celles-ci, en contrepartie, jouaient le jeu, inventaient leur propre manière de poser, de s'offrir au regard du public. Peut-on comprendre aujourd'hui pour quelle raison profonde et intime ces photos des années

Cary Grant, Kim Novak et Henri-Georges Clouzot, 1959

50 nous touchent particulièrement ? Du fait que chacune est un petit véhicule de rêve, porté par le rite éphémère de ces multiples apparitions d'acteurs et d'actrices, ou de grandes figures du cinéma : Sophia Loren, Alfred Hitchcock, Elizabeth Taylor, Cary Grant, Brigitte Bardot, Orson Welles, Jean Renoir, Vittorio de Sica, Kim Novak ou Jean Cocteau... Aucune photo ne ressemble tout à fait à une autre, malgré la répétition quotidienne des rites festivaliers. Les jeux de plage, les déjeuners sous les canisses, les terrasses de café propices à la convivialité, les projections du soir en habits de gala... Vues à l'époque par des milliers et des milliers de personnes, lecteurs de journaux, revues ou de magazines les plus divers, ces photos ont appartenu

Henri-Georges Clouzot, Susan Hayward et Robert Favre Le Bret, 1956

à un mode ancien, presque archaïque, de communication du désir de cinéma, qui n'a rien à voir avec celui que nous connaissons aujourd'hui. Elles ressurgissent du fond de notre imaginaire collectif, et nous renvoient à l'idée que nous appartenons, aujourd'hui encore, à la foule de ceux qui regardent. Ces photos portent encore en elles la promesse d'un monde de rêve et de fête. Elles n'appartiennent pas à l'ère de la reproductibilité technique, elles sont autant d'instantanés furtifs, appartenant à un monde d'étoiles disparues dont elles demeurent comme des traces. Depuis, la télévision, les petites caméras portatives, en Super 8 ou camé-scopes, ont totalement bouleversé notre perception du cinéma et des images.

1 Gina Lollobrigida,1954 2 Marcel Achard et Micheline Presle, 1958 3 Marcel Achard et Jeanne Moreau, 1958 4 La Bégum et Raf Vallone, 1954 5 Anne Baxter et Orson Welles 1957 6 Romy Schneider et Curd Jurgens 1957

On peut évidemment raconter l'histoire du festival d'une autre manière. Par exemple, sous l'angle des auteurs. Lentement, ils apparaissent en première ligne, se mettent en lumière, comme tenus en mains et guidés par Jean Cocteau. Les auteurs jouent un rôle essentiel, qui consiste à offrir aux stars des rôles magiques. Ce sont eux qui dirigent leur regard, qui dessinent les postures idéales pour mieux capter la lumière… Chaplin, Hitchcock, Renoir, Welles, Rossellini ou De Sica traversent ces années 50 tels des demi-dieux. Mais, pour quelque temps encore, l'histoire du cinéma d'auteur ne se confond que très partiellement avec celle du festival.

Romy Schneider, 1959

Ce sera, de manière plus explicite, le *scénario* de la prochaine décennie, celle des années 60. Mais déjà le triomphe de François Truffaut avec *Les Quatre Cents coups* modifie la donne. La presse, en mai 1959, évoque la vie d'un jeune cinéaste de vingt-sept ans, sa jeunesse difficile et sa trajectoire d'ancien critique devenu cinéaste. De plus, le festival n'en a plus pour très longtemps à vivre encore sous le régime archaïque des Nations. Trop exclusivement diplomatique, ce paramètre n'entre pas vraiment en ligne de compte dans une approche esthétique du cinéma. Diplomatie, rapports de force, compromis, voire compromissions, tout cela dessinerait également une histoire parallèle possible, sous-jacente de celle du festival. Elle serait à n'en

Liz Taylor, 1957

pas douter la moins intéressante. Justement parce qu'elle ne fait jamais intervenir la *lumière*. C'est donc l'histoire secrète du festival de Cannes, aujourd'hui déjà oubliée. Une autre histoire serait possible, sans doute pas la moins stimulante. Ce serait celle du *public*. Ces photos Traverso nous en donnent un aperçu, à travers une espèce de coupe transversale, une imagerie bon enfant. A quoi ressemblait le public de Cannes, tout au long de ces années cinquante ? On a le sentiment très fort que ce public ressemblait aux spectateurs de films, qui fréquentaient encore massivement les salles obscures. Un public populaire, qui aimait voir ses vedettes de près tout en les respectant. Les photographes jouaient en quelque sorte le rôle de passeurs,

Giulietta Masina, 1957

d'intermédiaires, entre le public et les stars. Evoquer le public du festival, revient immanquablement à poser d'autres questions. Par exemple : que fait-il, ce public, de tous les gestes, de tous les regards que lui adressent les stars de cinéma. Où vont s'éteindre tous ces éclats de lumière ? Car il faut bien que la lumière aille quelque part, qu'elle trouve un point de chute, ou qu'elle retourne dans le noir ? N'est-ce pas dans le regard des spectateurs ? Toute cette féerie cannoise n'aurait donc de sens que dans la beauté d'un geste. Celui d'offrir tous ces regards, tous ces corps, tous ces gestes et ces clins d'yeux d'acteurs, à l'immense public du cinéma. Cette beauté du geste ressemblerait alors à un immense feu d'artifice !

Feu d'artifice aux Ambassadeurs, 1951

Après la bataille de fleurs en ouverture, c'est le feu d'artifice qui clôt le rituel cannois. Alors, depuis le salon des Ambassadeurs, les vedettes et le public réunis peuvent s'émerveiller de ce spectacle qui fait jaillir une pluie d'étoiles dans la nuit, comme un écho à la présence de tant de stars.

Sophia Loren et Romy Schneider, 1962

1960 ► 1968

Jean-Paul Belmondo, Andréa Parisy et Lino Ventura, 1964

Dans les années 60, tout semble aller plus vite. Beaucoup plus vite. L'esprit est à la fête et on invente l'expression : être dans le vent. « *La vague rythmée canonne la plage où se dénudent les corps. Les vedettes rappliquent à jet continu. Monde moderne. Cinéma* » : ainsi Jacques Audiberti concluait-il son compte rendu du festival l'année précédente, dans *Arts*. Question essentielle pour le cinéma, s'il veut être moderne : savoir prendre de la vitesse. Ou, au contraire, savoir ralentir le temps. L'étirer de manière sensible, le suspendre, jouer avec ses durées : le monde sensible, le monde visible n'en est que plus opaque. Donc propice à mettre en scène le mystère féminin : *Hiroshima, mon amour* et *L'Avventura* sont des films synchrones de cette *modernité*.

2 Romy Schneider et son mari, Harry Meyen, 1969 3 Johnny Hallyday et François Chalais, 1962 4 Sal Mineo, Jill Hayworth, Otto Preminger et sa femme, 1961

Les photos Traverso saisissent le mouvement et la dynamique du cinéma. Sentiment qu'il faut se presser, rattraper la vie, ne pas se faire larguer. Les vedettes arrivent à Nice par avion, car la France est très fière de ses Caravelle : la star est sur la passerelle, accueillie par les photographes et par des fans. Les années 60 seront synonymes de mélange des genres et des gens. Le cinéma accueille les nouvelles vedettes de la chanson, celles du rock, ceux qu'on nomme déjà les stars du *yé yé*. C'est l'époque où Johnny Hallyday est sollicité comme acteur dans des films de circonstance, aujourd'hui tombés dans l'oubli. Mais Johnny n'a pas dit son dernier mot, et sa deuxième carrière sera plus concluante. Le cinéma change, il bouge et change de rythme. Le festival aussi. Comme le veut

1 Bette Davis, 1963 2 Richard Widmark, 1961 3 Monica Vitti, 1966 4 Otto Preminger et Gene Tierney, 1962

la coutume, l'arrivée sur la Croisette est un joyeux prétexte à de belles parades d'acteurs. Il y en a pour tous les styles. L'essentiel c'est de se montrer, debout dans une voiture décapotable (Monica Vitti et Gene Tierney) ou confortablement assis dans une limousine (Bette Davis). On est là pour s'amuser, faire la fête, et on veut que cela se sache. Dire que le cinéma reflète la vie à pleines dents. Toujours plus vite. Le cinéma fait son « lifting » – il en fera bien d'autres. A travers cette nouvelle « imagerie », il s'agit de faire passer le nouveau message de la jeunesse. Chacun est de passage, chacun est une image qui passe. La vie cannoise *s'accélère.* Et ces années 60 se présentent sous le signe de *la dolce vita.*

André Malraux et Monsieur le sous-préfet Delplanque, 1960

En charge des affaires culturelles, André Malraux parraine avec solennité et élégance le festival qui réunit chaque printemps la tribu du cinéma. En 1959, la première année de son « règne », le ministre avait clôturé le festival d'un magnifique discours : « *Les récompenses remises, le festival terminé, en votre nom à tous, je dédie une Palme d'or imaginaire à ce ciel invisible, à la mystérieuse fraternité des images de la terre heureuse et de la terre sanglante ou menacée, dans laquelle Chaplin et Eisenstein s'unissent aux plus jeunes d'entre vous – à l'invisible rêve des hommes que vous incarnez tour à tour, et que les premiers vous incarnez pour tous les hommes.* » Longtemps, Malraux protégera le cinéma. Sous son impulsion, de nouvelles

Barbara Lass et Alain Delon, 1961

réglementations se mettent en place pour venir en aide à la création (l'Avance sur recettes, instituée en 1960), ou pour protéger un art qui « *par ailleurs est une industrie* »... Car dès le début des années 60, il est question d'une grave crise du cinéma. La télévision s'installe dans les foyers, de nouveaux loisirs apparaissent, on entre peu à peu dans la « société de consommation ». Le ministre aura donc fort à faire, et sa bonne volonté fut par deux fois gravement prise en défaut. En 1966 lors de l'interdiction de *La Religieuse*, le film de Jacques Rivette adapté de Diderot. Et en 1968, lors de la tentative d'évincer Henri Langlois de son poste de directeur de la Cinémathèque française.

Jean-Luc Godard et Anna Karina, 1963

Anna Karina et Jean-Luc Godard se promènent sur la Croisette. En 1963, année où Traverso effectue à la sauvette ce mini reportage, Godard a déjà tourné film sur film, à la suite d'*A bout de souffle* : *Le Petit soldat*, censuré en 1960 pour avoir osé évoquer en termes crus la guerre d'Algérie, *Une femme est une femme* et *Vivre sa vie*. Trois films qui illustrent les « années Karina », avant *Bande à part* et *Pierrot le Fou*. Godard est à Cannes en simple visiteur. Car aucun de ses films, dans les années 60, ne représentera le cinéma français en compétition. Il faudra attendre *Sauve qui peut (la vie)*, en 1980, présenté par la Suisse… L'ombre du cinéaste a toujours plané sur le festival, et ses conférences de presse cannoises demeurent des moments d'anthologie.

Natalie Wood et Warren Beatty, 1962

Le couple cinéaste-actrice constitue la nouvelle donne du cinéma d'auteur. Le plus célèbre dans les années 50 fut celui formé par Roberto Rossellini et Ingrid Bergman. On cria au scandale à Hollywood, reprochant à l'inventeur du néo-réalisme d'avoir kidnappé une star pour la diriger dans des films comme *Stromboli* ou *Europe 51*. Mais *Voyage en Italie* exerça une influence décisive sur les jeunes critiques des *Cahiers du cinéma*, qui dès lors eurent le désir de passer à la réalisation. Autres couples célèbres : Federico Fellini et Giulietta Masina, Michelangelo Antonioni et Monica Vitti. Sans parler des couples d'acteurs, comme celui formé un temps par Natalie Wood et Warren Beatty.

Michelangelo Antonioni et Monica Vitti, 1960

1960 est une année *italienne*. Deux films projetés cette année-là firent scandale. La projection de *L'Avventura*, le film de Michelangelo Antonioni, se déroula dans les pires conditions, accueillie par des sifflets et un brouhaha tels que le festival n'en avait guère connu jusqu'alors. Le public du soir refusa catégoriquement ce film novateur, jugé avant-gardiste et obscur. « *Je fais un film sur l'instabilité des sentiments, sur leurs mystères* », avait beau expliqué Antonioni, bouleversé par l'accueil réservé à son film, tandis que Monica Vitti sortait de la projection le visage inondé de larmes. L'autre événement du festival, c'est *La Dolce Vita* de Federico Fellini. Ce film de trois heures jette un regard dérisoire et carnavalesque sur la vie mondaine et décadente à Rome. La ville vue par Fellini c'est celle de ces *paparazzi* circu-

Federico Fellini et Giulietta Masina, 1960

lant en scooters à la recherche d'un potin ou d'un scoop, squattant la Via Veneto, reconstituée pour les besoins du film à Cinecittà. Marcello Rubini, le personnage principal du film, est un journaliste désabusé, sublimement interprété par Marcello Mastroianni, dont le regard charmeur, mélancolique et quasi dépressif, renvoie le monde, et en partie celui du cinéma, à sa vacuité. En Italie, le film choqua énormément l'Eglise catholique, bien décidée à excommunier ce chef-d'œuvre au nom d'une morale puritaine et réactionnaire. A Cannes, l'accueil de *La Dolce Vita* fut plutôt mitigé, on jugea le film trop long, ou trop désordonné dans son récit. N'empêche que le film de Fellini incarne parfaitement le climat nouveau des années 60 : mélange de frénésie et de tristesse, d'énergie et de vague à l'âme.

Georges Simenon et Michel Simon, 1960

Le jury présidé par Georges Simenon attribua à l'unanimité la Palme d'or à *La Dolce Vita*, reconnaissant le génie de Fellini en même temps qu'il consacrait, dans une atmosphère d'hostilité générale, l'avènement du cinéma moderne : *L'Avventura* fut également cité au palmarès du XIIIe festival, et le jury rendit hommage à deux

Magali Noël, Anouk Aimée et Marcello Mastroianni, 1960

auteurs : Ingmar Bergman pour *La Source*, et Luis Buñuel pour *La Jeune fille*. 1960 est donc une année décisive qui voit quatre auteurs européens rafler les principales récompenses d'un festival qui, jusqu'alors, s'était plu à promouvoir un cinéma plus traditionnel ou plus commercial.

Fête pour *La Dolce Vita*, 1960

Mais l'esprit *dolce vita* est de mise cette année-là. Au cours d'une grande fête donnée dans une villa sur les hauteurs du Cannet, les invités se goinfrent de spaghettis ; on engloutit des litres de chianti et, pour ne pas déroger à la tradition des grandes soirées autour des piscines, on y pêche des bouteilles, et on précipite à l'eau

Fête pour *La Dolce Vita*, 1960

quelques starlettes pour le bonheur des photographes. Faire la fête implique l'excès, la recherche du scandale ; chacun est animé d'une fureur de vivre, et le cinéma est vécu comme une aventure, une dépense d'énergie. Comme si le doute avait envahi le cinéma, et qu'il fallait profiter de ces « derniers » moments de folie.

Melina Mercouri et Jules Dassin, 1960

A sa manière, *Jamais le dimanche* incarne aussi la *douceur de vivre*, cette fois du côté du Pirée. Jules Dassin, qui joue dans son propre film, offre un beau rôle à Melina Mercouri, sa femme, qui obtint en 1960 le Prix d'interprétation féminine. L'actrice grecque partagea ce prix avec Jeanne Moreau, récompensée pour son rôle dans *Moderato*

Fête pour *Jamais le dimanche*, 1960

Cantabile, le film de Peter Brook. Une grande fête fut donnée après la projection de *Jamais le dimanche*, au cours de laquelle l'ouzo coula à flot. Le rituel consistait à briser joyeusement quelque 5000 verres, en dansant frénétiquement le sirtaki. Jules Dassin et Melina Mercouri, montrent frénétiquement l'exemple s'en donnant à cœur joie.

Jean-Paul Belmondo et Jeanne Moreau, 1960

Jeanne Moreau, radieuse, au bras de Jean-Paul Belmondo, son partenaire dans *Moderato Cantabile* de Peter Brook, le soir de la projection officielle du film. La soirée se poursuit dans la fête : debout sur une table, Jean-Paul Belmondo danse avec le producteur du film, Raoul Lévy, figure parmi les plus marquantes et

Jean-Paul Belmondo et Raoul Lévy, 1960

extravagantes du cinéma français de cette époque. La fête est de tradition à Cannes. Mais en ce début des années 60, elle prend une allure exubérante, devient *démesure*, libérant des énergies nouvelles en plein développement, annonçant déjà l'explosion des mœurs qui caractérisera la fin de la décennie.

1 Johnny Hallyday et Elke Sommer, 1962 3 Sammy Davis Jr, 1966 4 Marie Laforêt et Jean-Gabriel Albicocco, 1963 6 Jean-Pierre Cassel, 1967

On danse, on chante, on bouge avec son corps selon de nouveaux rythmes. Le festival de Cannes devient lieu d'accueil, le cinéma côtoie le *show biz*. Autant que les années *dolce vita*, ce sont les années Eddie Barclay, l'homme qui organise chaque année de grandes fêtes afin de promouvoir les chanteurs à la mode.

1 Jean-Claude Brialy, Pierre Tchernia, et Michel Audiard, 1963 2 Eddie Barclay et Fernand Raynaud, 1961 3 Pierre Brasseur, 1962 4 Claude Davy et Romy Schneider, 1962 5 Annabelle et Bernard Buffet, 1962 6 Melina Mercouri et Otto Preminger, 1962

Le festival n'existerait pas sans Jean-Claude Brialy. Acteur Nouvelle Vague à ses débuts avec Chabrol et Godard, il sera régulièrement présent à Cannes, avec un film ou avec ses amis, pour accueillir tout ce que les arts et le show-biz comptent de personnalités prestigieuses.

Marina Vlady, 1962

En 1963, grâce au film de Marco Ferreri, *Le Lit conjugal*, Marina Vlady triomphe à Cannes avec un Prix d'interprétation féminine. Dans ce film, elle joue le rôle d'une jolie jeune fille à l'éducation très stricte, mais qui, une fois mariée à Ugo Tognazzi, révèle son inlassable et ardente passion pour la chair. A Cannes, son image rayonnante semble prouver que le rôle lui convenait à merveille. En Italie, le film fut jugé « *contraire aux bonnes mœurs et obscène dans sa manière de présenter les choses.* » Ce qui lui valut d'être longtemps retenu par la censure. Cela ne découragea heureusement pas Ferreri qui récidiva dans la provocation poétique. Ce qui, aujourd'hui encore, n'est toujours pas pour nous déplaire.

Annie Girardot, 1964

Dans les années 60, Annie Girardot partagea équitablement sa carrière d'actrice entre la France et l'Italie. Elle est admirable dans *Rocco et ses frères* de Visconti. Elle l'est aussi chez Ferreri, qui la dirige à trois reprises dans des films qui mériteraient d'être revus : *Le Mari de la femme à barbe*, *Dillinger est mort* et *Il seme dell'uomo*.

Annie Girardot, Marco Ferreri et Ugo Tognazzi, 1964

1964 : conférence de presse autour du film *Le Mari de la femme à barbe*. Annie Girardot répond à une question qui lui est posée. Que dit-elle ? Que la barbe de Marco Ferreri lui aurait servi de modèle? Grande proximité entre les journalistes et photographes, et l'équipe du film. On a le sentiment d'une mêlée conviviale, Annie Girardot,

Ugo Tognazzi, 1964

Marco Ferreri et Ugo Tognazzi gardent le sourire. Ce dernier, juste après la conférence de presse, se déguisera en cuisinier. Pour faire évidemment des pâtes. La mêlée s'élargit, ce qui donne une photo très « italienne », avec les *ragazzi* en maillot. Ferreri à Cannes, c'est l'assurance que le festival ne sombre pas dans l'académisme.

Charlotte Rampling, 1965

Charlotte Rampling a eu raison d'interrompre sa carrière de mannequin pour celle d'actrice. A peine commencée, celle-ci est encouragée puisque le film qu'elle tourne sous la direction de Richard Lester, *The Knack*, obtiendra en 1965 le Grand Prix du festival... L'aigle à deux têtes. Celui que Cocteau appelait « l'acteur-poète ».

Jean Marais, 1960

Il a joué tous les rôles qu'un acteur peut rêver, sublime ou défiguré. Il a été la « bête », « le bossu », « l'aiglon », « nez de cuir », etc. Il sera bientôt « Capitaine fracasse », « Fantômas », « Gentleman de Cocody ». Et roi dans *Peau d'âne*. « *Le fleuve Jean Marais roule ses pépites d'or d'œuvre en œuvre* », écrivit Cocteau.

1 Géraldine Chaplin, 1966 2, 3 et 4 Glenn Ford et sa femme, 1962

Images d'images. Les vedettes de cinéma se demandent si elles ne sont pas aussi des « images de marque ». Il ne suffit plus d'être naturel, encore faut-il le prouver. Et promouvoir une image de soi qui donne le sentiment d'une gestuelle moderne, libre, en prise avec la vie. Le cinéma aurait-il besoin de s'extérioriser, de respirer librement après tant d'années sous l'éclairage factice et l'ambiance confinée des studios ? Géraldine Chaplin saute de joie l'année où elle vient présenter à Cannes le film de David Lean *Docteur Jivago* (hors compétition). Le geste est-il spontané, ou faut-il à tout prix se singulariser pour avoir droit à sa propre image? Que dire d'un Glenn Ford sautant au trampoline avec sa femme, ou s'amusant à faire du kart ? Sentiment que pour

Caméraman, 1960

chacun, il faut se mettre à l'heure, vivre avec son époque. Et parfois se séparer d'une image ancienne d'acteur, comme Glenn Ford, pour en faire apparaître une autre, correspondant mieux à l'air du temps. Ces « exercices spontanés » font évidemment la joie des cinéastes amateurs, qui commencent à s'équiper de petites caméras Super 8. Il suffit que l'un d'eux prenne de la hauteur pour que le rêve de filmer la tribu du cinéma à son insu devienne réalité. Cannes est désormais un territoire offert «aux chasseurs d'images,» prêts à saisir ces *images d'images* montrant les tribulations des vedettes sur un périmètre situé entre le Carlton et le Palais du festival.

1 Gregory Peck, 1963 2 James Mason, 1964 3 Anthony Perkins et Anatole Litvak, 1961 4 Claudia Cardinale, 1963

A force de s'exposer au regard de la foule, les vedettes désirent parfois prendre du recul, ou de la hauteur. Afin de protéger leur image, avec le sourire. Comme le font la belle Claudia Cardinale, Gregory Peck, James Mason et Anthony Perkins, ici aux côtés d'Anatole Litvak (qui vient de le diriger dans *Aimez-vous Brahms*,

Burt Lancaster, 1963

film pour lequel Perkins reçoit en 1961 le Prix d'interprétation masculine). Burt Lancaster à Cannes, dans le rôle du Prince Salina. 1963 fait date dans l'histoire du festival. L'Italie y est en force avec quatre films, et non des moindres. *Le Guépard* de Visconti, *Le Lit conjugal* de Ferreri, *Les Fiancés* de Olmi, et *Huit et demi* de Fellini.

Luchino Visconti et Burt Lancaster, 1963

Luchino Visconti et Burt Lancaster en balade sur la Croisette. Image complice d'un grand cinéaste italien protégeant affectueusement la star américaine de son film. Manière élégante de le remercier de sa confiance. Grandeur du cinéma italien, qui mêle avec un certain raffinement l'art, la culture et le spectacle : *Le Guépard* **remporte à**

Luchino Visconti, Claudia Cardinale et Burt Lancaster, 1963

l'unanimité la Palme d'or. Pour lancer « l'image » du film, on trimballe un guépard sur une plage de Cannes, ce qui permet d'offrir aux photographes quelques images singulières, en espérant qu'elles fassent le tour du monde. La promotion fait d'évidents progrès. Les acteurs souriants se laissent apprivoiser par la culture publicitaire.

Alfred Hitchcock et Tippi Hedren, 1963

Cette même année 1963, le festival est inauguré avec la projection hors compétition du film d'Alfred Hitchcock, *Les Oiseaux*. Le maître est ravi d'avoir retrouvé en Tippi Hedren la blondeur chic et froide qu'il croyait avoir définitivement perdue lorsque Grace Kelly décida d'interrompre sa carrière d'actrice. Devant le Palais du festival, un lâcher d'oiseaux est organisé pour les besoins de la promotion du film. Ce qui n'empêchera pas ce chef-d'œuvre du cinéma moderne d'être largement incompris par la critique et le public cannois. Tout en demeurant évidemment impassible, Hitchcock a l'habitude de ce genre d'opération promotionnelle où il s'agit de « vendre une image ». Ses apparitions furtives dans chacun de ses films, et surtout le fait qu'il travaille très régulièrement pour la télévision

1 et 3 Tippi Hedren et Alfred Hitchcock, 1963 2 Orson Welles, 1966 4 Macha Méril et Orson Welles, 1966

en réalisant ou en parrainant certaines séries dites « à suspense », lui donnent une sacrée longueur d'avance sur une époque qui veut que l'auteur d'un film soit parfois perçu comme une « image de marque ». Depuis « La Guerre des mondes », l'émission de radio qui le fit soudainement connaître du public américain avant même qu'il ne tourne *Citizen Kane*, Orson Welles sait qu'un véritable auteur au cinéma, c'est celui qui fait corps avec son œuvre. Qu'il accompagne l'un de ses films, ou qu'il vienne en visiteur, Welles à Cannes incarne instantanément aux yeux de tous *le* cinéma. Lorsque, solitaire, il arpente la Croisette, Orson Welles suscite naturellement une certaine curiosité. On le reconnaît, on l'admire. Il incarne l'image du cinéma en voyage, toujours en exil.

Orson Welles, 1968

Pour parler de Welles qu'elle vénérait, Françoise Sagan évoque, dans, *Avec mes meilleurs souvenirs*, son rire tonitruant et son « *regard à la fois amusé et désabusé, un regard jaune d'étranger* ». Sagan usa aussi d'une autre belle expression, ce « *King Kong de la séduction* ». C'est dire si cet homme avait de la grâce et de la légèreté.

1 Charles Boyer et Fritz Lang, 1964 **2** Robert Bresson et François Truffaut, 1967 **3** Henri Langlois et Madame Kawakita, 1966 **4** Michel Legrand, Anouk Aimée et Jacques Demy, 1964

En 1964, grande nouveauté à Cannes : un cinéaste à part entière préside le jury : Fritz Lang, ici aux côtés d'un autre juré, Charles Boyer. Cette année-là, un film français entièrement chanté obtint une Palme d'or toute méritée. D'où l'air ravi de Michel Legrand, Anouk Aimée et Jacques Demy. En 1967, Robert Bresson, venu présenter *Mouchette*, reçut l'hommage du jury pour son œuvre. Bresson est ici aux côtés de François Truffaut, présent à Cannes où il vient de commencer le tournage de *La Mariée était en noir*. Henri Langlois est à sa manière un *auteur* : celui qui, mieux qu'un autre, a su montrer les œuvres qu'il admirait. Il accompagne Madame Kashiko Kawakita, importateur de films au Japon. Tout cinéphile pour peu qu'il ait fréquenté les festivals de Cannes ou de Venise, a un jour rencontré la très élégante Madame Kawakita.

Françoise Dorléac et Jean Desailly, 1964

« *Telle était aussi Françoise Dorléac. A la fois timide et audacieuse. Les gestes abrupts mais une souplesse d'algue. L'extravagance mais aussi les tourments secrets. Légère, éblouissante et le regard quelquefois triste. On n'était jamais sûr de bien connaître son visage. Tout en contrastes, en inquiétudes, de celles qui font le scintillement des étoiles* », a écrit récemment Patrick Modiano. Dansant ici avec Jean Desailly, son partenaire de *La Peau douce*, Françoise Dorléac semble déjà se douter que l'accueil réservé au film de Truffaut à Cannes sera particulièrement injuste. D'où ce regard, farouche et séducteur. Inoubliable. *La Peau douce* est devenu un film-culte, qui offrit à l'actrice son plus beau rôle. 1964, la même année, sa sœur Catherine

1960

Anne Vernon, Nino Castelnuovo, Jacques Demy, Catherine Deneuve et Michel Legrand, 1964

Deneuve participe au triomphe des *Parapluies de Cherbourg*. **Sa carrière débute à peine que la gloire est déjà au rendez-vous. Ensuite, il y aura** *Répulsion* **de Roman Polanski,** *La Vie de château* **de Jean-Paul Rappeneau,** *Belle de jour* **de Luis Buñuel...** *Avec Les Parapluies,* **Jacques Demy prenait pourtant tous les risques : film « en couleur et en chanté », sujet mélodramatique et très contemporain, avec en toile de fond la guerre d'Algérie. Sur les visages radieux d'Anne Vernon, Nino Castelnuovo, Jacques Demy, Catherine Deneuve et Michel Legrand, sortant de la projection officielle du film, on devine que le pari est déjà gagné.** *Les Parapluies de Cherbourg* **seront chantés dans le monde entier. Et ils le sont encore.**

Françoise Dorléac, 1964

« *Une personne comme on en rencontre peu dans une existence, une jeune femme incomparable que son charme, sa féminité, son intelligence, sa grâce et son incroyable force morale rendaient inoubliable à quiconque avait parlé une heure avec elle* », écrivit François Truffaut en 1968.

Françoise Dorléac et Catherine Deneuve, 1965

En 1966, Jacques Demy aura l'idée de génie de réunir les deux sœurs dans une comédie musicale : *Les Demoiselles de Rochefort.* **« *Nous sommes deux sœurs jumelles, nées sous le signe des Gémeaux…* »** chantaient-elles ensemble. La carrière de l'une devait malheureusement s'interrompre brutalement l'année suivante, non loin de Cannes…

Jean-Paul Belmondo, 1964

Jean-Paul Belmondo a le soleil dans les yeux. En 1964, il vient défendre le film d'Henri Verneuil, *Cent mille dollars au soleil*, écrit par Michel Audiard. Film grand public, ce qui lui vaut d'être récompensé, *off* festival, d'un « ticket d'or » par les exploitants. Sur le marché des valeurs, cela ne vaut évidemment pas une palme…

Yves Montand, 1967

Ce qui amuse peut-être Jean-Paul Belmondo, c'est de voir son ami Yves Montand, sur la photo d'en face, *incognito*, c'est-à-dire déguisé sous un « look » d'enfer : genre légèrement mafioso, mais lisant *Le Monde*, imperturbablement, sur la Croisette. Il suffirait de *légender :* Montand ou le paradoxe du comédien.

Anthony Perkins et Anatole Litvak, 1961

Le bonheur de la star au moment de signer un autographe. Même posture, et nécessité impérative de garder le sourire en se pliant à l'exercice. Anthony Perkins (ici aux côtés du réalisateur Anatole Litvak) et Alain Delon (qui défend cette même année 1961,en compagnie de Barbara Lass, le film de René Clément, *Quelle joie*

Alain Delon et André Asséo, 1961

de vivre ! présenté sous pavillon italien) ont la même élégance, le même sourire, la même décontraction dans le geste. Mais léger avantage à Delon, qui fait deux choses à la fois : signer un autographe tout en répondant aux questions d'un journaliste de la radio, qui n'est autre qu'André Asséo.

Agnès Varda et Corinne Marchand, 1962

1962 : ces deux photos Traverso sont prises à peu près au même endroit, à deux pas du porche qui abrite l'entrée du Carlton, mais évidemment pas au même moment. Le thème est identique : stars prenant un bain de foule dans une ambiance chaleureuse et ensoleillée. Agnès Varda et Corinne Marchand viennent présenter *Cléo de cinq à sept*. « *Corinne avait l'air d'une starlette des années cinquante à Hollywood*, dira Agnès Varda. *Notre succès à Cannes, vécu avec innocence et émerveillement, a fait connaître le film dans le monde entier et j'ai été invitée partout.* » Cette même année, se tint pour la première fois la « Semaine internationale de la critique », impulsée par deux éminents critiques, Georges Sadoul et Louis Marcorelles. Occasion d'y découvrir le film de

Romy Schneider, Alain Delon et Sophia Loren, 1962

Jacques Rozier, *Adieu Philippine*. Alain Delon a deux bonnes raisons d'être présent à Cannes cette année-là. D'abord pour défendre un des films où il est sans doute le plus sublime : *L'Eclipse* d'Antonioni (Prix spécial du jury, partagé avec *Procès de Jeanne d'Arc* de Robert Bresson). Ensuite pour accompagner Romy Schneider, venue elle-même promouvoir deux films : *Le Combat dans l'île* d'Alain Cavalier, projeté hors compétition, où elle a comme partenaire Jean-Louis Trintignant. Et *Boccace 70*, film italien à sketches : Romy Schneider joue dans celui réalisé par Luchino Visconti, tandis que Sophia Loren, qui murmure quelque confidence à l'oreille de Delon, joue dans celui que dirige Vittorio de Sica.

Bernard Blier, 1960

Ambiance « tontons flingueurs », en plein festival de Cannes. Bernard Blier semble défier Jerry Lewis. Étalée sur une cinquantaine d'années et commencée avant même la naissance du festival, la carrière de Bernard Blier se place résolument au dessus de toute compétition. En face, Jerry Lewis est prêt à dégainer. Très souvent présent

Jerry Lewis, 1967

à Cannes, Jerry apparaît toujours muni d'un appareil photos. Toujours sur le qui-vive, ce chasseur d'images, sempiternel « zinzin d'Hollywood » et « vrai cinglé du cinéma », songera on l'espère à publier un jour toutes ses photos cannoises. Et si Jerry Lewis était, depuis de longues années, l'anthropologue discret des rites cannois ?

Sean Connery, 1965

Nul doute que la présence de Sean Connery sur la Croisette, en 1965, constitue un événement très populaire. Mais n'est-ce pas James Bond que l'on dévisage, plutôt que l'excellent interprète de *The Hill* (*La Colline des hommes perdus*) de Sydney Lumet ? L'acteur s'est déplacé à Cannes, justement pour manifester le désir de ne pas cantonner son image d'acteur à celle d'un personnage de série. Hitchcock, la même année, dirigera Sean Connery dans *Pas de printemps pour Marnie* : « *J'aimais surtout l'idée de montrer un amour fétichiste. Un homme veut coucher avec une voleuse parce qu'elle est une voleuse.* **», confia-t-il à Truffaut dans leur livre d'entretien. Hitchcock espérait obtenir l'accord de Sean Connery pour deux autres films. Connery refusa, car James Bond l'attendait.**

1 Vittorio Gassman, 1966 **2** Marcello Mastroianni, 1962 **3** Pierre Etaix, 1965 **4** Trevor Howard, 1960

En 1965, le cinéma français est aussi représenté par *Yoyo* de Pierre Etaix. Absent du palmarès, celui-ci semble se consoler en prenant quelques clichés, déguisé en « Monsieur tout le monde ». Vittorio Gassman et Marcello Mastroianni sont des habitués du festival. Combien de films sont-ils déjà venus défendre ou promouvoir !

Michael Caine, 1965

A quelle distance faut-il se mettre pour capter le regard d'un acteur ? A quelle distance faut-il se mettre pour capter la démarche d'un illustre inconnu ? *The Ipcress File* (*Ipcress, danger immédiat*), de Sydney J. Furie, représentant l'Angleterre à Cannes en 1965, révèle Michael Caine comme acteur de tout premier plan. Plus tard, il tournera avec Losey, Aldrich, Mankiewicz, Woody Allen, etc. En attendant, il y a dans son regard une sorte d'interrogation, l'expression d'un doute existentiel, en tout cas une subjectivité qui semble mettre à distance le spectacle souvent superficiel du cinéma... A côté, un homme seul, assez mal fagoté, qui s'avance vers l'objectif du photographe. Cet inconnu n'a pas trente ans. S'il est inconnu, pourquoi a-t-il « droit » à

Francis Ford Coppola, 1967

une photo pleine page ? Qui est-il ? Pourquoi est-il seul à Cannes ? Est-il déjà préoccupé par la guerre que mène son pays au Viêt-nam ? Préfère-t-il le cinéma à la guerre ? La photo est-elle « mise en scène » ? Lui a-t-on demandé de marcher sur la Croisette juste pour les besoins de faire une photo ? Francis Ford Coppola est simplement venu présenter son deuxième film, *You're a Big Boy Now*, en compétition officielle. Indépendant toujours, mais moins seul, il reviendra à Cannes, une fois la guerre du Viêt-nam terminée. Alors il fera entendre aux festivaliers ébahis le bruit des hélicoptères et la chevauchée des walkyries. Ce qui lui vaudra en 1979 sa deuxième Palme d'or. Entre-temps, il aura obtenu la première avec *The Conversation,* en 1974.

Ultra Violet, Nico et Andy Warhol, 1967

Andy Warhol de passage à Cannes, en 1967, accompagné de quelques égéries, dont la chanteuse Nico, assise à ses côtés. Cette photo illustre le décalage entre deux mondes : celui du festival et celui d'un cinéaste-plasticien d'avant-garde, qui se demande ce qu'il fait là. Warhol n'est visiblement pas chez lui, touriste égaré protégé par sa bande exclusivement féminine. Mais ce décalage reproduit sans doute celui qui existait entre Hollywood et lui. Vers le milieu de la décennie, l'imagination commence à prendre le pouvoir, anticipant le vœu de milliers d'étudiants qui descendront bientôt dans la rue, à Paris comme à Berkeley, pour contester la société…On invente d'autres styles, la mode est à la mode, la marginalité devient possible, et même désirable… *In* ou *off*,

Géraldine Chaplin, 1967

le festival de Cannes reflète ces diverses tendances, sans pour autant les intégrer. On a le choix : faire bande, ou assumer sa propre singularité. Il revient à chacun d'inventer un style, d'être soi-même tout en donnant le sentiment d'appartenir à son époque. Celle où l'on apprend à faire *signe*, à se démarquer des codes dominants ou imposés. Mieux que d'autres, les acteurs sont disposés à capter ces *signes du temps*. C'est à eux qu'il revient de les exprimer, d'en revendiquer les mimiques. Ce que fait avec une certaine grâce Géraldine Chaplin, qui non seulement a de qui tenir, mais présente cette année-là le film de Robert Hossein dans lequel elle joue, *J'ai tué Raspoutine*, hors compétition.

John Lennon, 1965

En 1965, Richard Lester présentait en compétition officielle *The Knack... ou comment l'avoir ?* La Palme d'or ? Ce fut fait puisque le film l'obtint. C'est l'époque où la mode souffle depuis l'Angleterre. La musique également. Le passage par Cannes sert à confronter son image à celle du cinéma. D'où la présence de John Lennon sur la

Première mini-jupe, 1967

Croisette. Lester n'avait-il pas réalisé, l'année précédente, un film avec *quatre garçons dans le vent*? La mini-jupe bouleverse la tradition cannoise, qui voulait que les femmes soient habillées en robe du soir. Amusés, les photographes n'en reviennent pas. Faudra-t-il inventer une autre manière de photographier les femmes?

1 et 2 Brigitte Bardot et Gunther Sachs, 1967 **3** Brigitte Bardot, 1967 **4** Alain Cohen, Brigitte Bardot et Michel Simon, 1967

Soirée de folie, en 1967, pour l'arrivée de Brigitte Bardot et de son mari d'alors, Gunther Sachs. Ce soir-là, elle est fière d'être sur scène aux côtés de Michel Simon et du petit Alain Cohen, d'autant que le film de Claude Berri, *Le Vieil Homme et l'enfant* n'a pas eu l'heur de plaire aux sélectionneurs officiels du festival.

Brigitte Bardot, 1967

« *Ballottée, écrasée, malmenée, étouffée, mais souriante*, oui *souriante* », écrira-t-elle dans ses mémoires, en évoquant cette soirée d'hystérie comme Cannes n'en avait jamais connue. « *On ne pouvait faire que quelques photos, tellement il y avait de monde. On montait les marches comme on pouvait, sans toucher terre ; on mettait l'appareil à l'envers et on appuyait : c'était la surprise* » commente aujourd'hui Henri Traverso. Du coup, Bardot a semble-t-il disparu de la photo, perdue dans la foule. Pour la retrouver, il suffit de suivre la direction indiquée par les flashes des photographes. Tout en bas de la photo, entre deux képis, une chevelure blonde. Ce fut sa dernière apparition officielle. Quelques années plus tard, elle mit un terme à sa carrière cinématographique.

Rose Kennedy, Grace Kelly et Robert Favre Le Bret, 1965

En 1965, le festival rendit hommage à John F. Kennedy, avec la présentation d'un film à sa mémoire, *Years of Lightning, Day of Drums* (*Un grand homme passa par notre chemin*), de Bruce Herschensohn. En présence de Rose Kennedy, la mère du président assassiné, et de la Princesse Grace de Monaco. C'est la période où le festival invente, ou se laisse envahir par ce qu'on appelle aujourd'hui des « événements médiatiques ». L'expression n'existait pas alors, mais la réalité est là, sous nos yeux, grâce à ces photos Traverso : la foule qui pousse, immense et noire, et qui veut de ses yeux voir ce qui mérite d'être vu, une tache de lumière qui n'est parfois qu'un leurre…

Maria Callas et Robert Favre Le Bret, 1960

Cannes, au cours de cette décennie, a vécu d'autres moments de folie. Henri Traverso se souvient du passage à Cannes de La Callas, en 1960. Pour quelle raison la diva était-elle présente ? Henri Traverso ne s'en souvient guère. La photo est impressionnante, avec au premier plan, Robert Favre Le Bret tentant de protéger son illustre invitée.

1 Anna Karina, 1966 2 Jean-Luc Godard, 1966 3 Claude Lelouch, 1966 4 Jean Delannoy 1966 5 Marcel Pagnol, Armand Salacrou, Sophia Loren et André Maurois, 1966 6 Nadine Trintignant, Claude Lelouch, Jean-Louis Trintignant, François Reichenbach et Anouk Aimée, 1966

Décennie où le cinéma s'interroge sur son évolution. En 1966, un colloque se tient à Cannes, dans le cadre du XXe festival. Le thème : *Le récit est-il essentiel au cinéma ?* Y participent Rossellini, Clouzot, Delannoy, Marcel Camus, Serge Youtkévitch, Bresson, David Lean, etc. « *Le cinéma est un non-sens s'il ne raconte pas une histoire* », affirme un cinéaste américain. Godard prend la mouche et polémique : « *C'est précisément le genre de cinéma que vous faites qui m'empêche de faire le mien.* » Et de reprocher aux cinéastes américains « *d'être irresponsables puisque, tout en étant les plus grands conteurs d'histoires au monde, ils acceptent d'être dirigés par la machine*

Louis de Funès, Terry Thomas et Bourvil, 1966

qu'ils ont créée ». Rupture définitive entre les tenants du cinéma classique, et ceux qui, tels Resnais, Bresson, Antonioni ou Godard, prônent un cinéma de l'écriture et de la modernité. Comble du paradoxe : *Un homme et une femme* de Claude Lelouch obtient cette année-là la Palme d'or, ex-aequo avec *Signore e Signori (Ces messieurs dames)* de Pietro Germi. Festival de tous les contrastes : tandis que *La Religieuse* de Jacques Rivette, après avoir été censuré par le pouvoir gaulliste, est enfin autorisé à représenter la France en compétition, l'équipe d'acteurs de *La Grande vadrouille* assure la promotion du film à Cannes, où le film n'est pourtant pas sélectionné. Le film de Gérard Oury est encore à ce jour le plus gros succès commercial de toute l'histoire du cinéma français.

Jean-Louis Richard, Claude Lelouch, Claude Berri, François Truffaut et Jean-Claude Carrière, 1968

En février 1968, le cinéma français est secoué par ce qu'on appelle l'« affaire Langlois ». Le ministère de la Culture a tenté d'évincer le créateur de la Cinémathèque française de son poste de directeur. Maladresse du pouvoir ? Volonté de mainmise de l'État sur une institution trop indépendante dans son esprit comme dans ses méthodes ? Les cinéastes français se sont mobilisés contre le pouvoir gaulliste, exigeant que Langlois soit maintenu à son poste. Manifestations du côté du Trocadéro ou de l'avenue de Messine, charges policières, tracts, débats à l'Assemblée Nationale, etc. Un Comité de défense de la Cinémathèque française, présidé par Resnais et animé par Truffaut, Godard, Rivette, Kast, Doniol-Valcroze, et beaucoup d'autres cinéastes et acteurs, dirige les opéra-

Claude Lelouch, Jean-Luc Godard et François Truffaut, 1968

tions. Le 22 mars, la contestation étudiante démarre à la faculté de Nanterre... Le 3 mai, le Quartier latin voit ses premières barricades. Le 10, le XXIe festival de Cannes s'ouvre avec la projection du film de Victor Fleming, *Autant en emporte le vent*. Depuis huit jours, la France est paralysée par un mouvement social d'une ampleur inédite. Le 13 mai, un million de manifestants défilent à Paris. Plus rien ne marche, ni les trains, ni les métros, ni l'électricité, ni les postes et communications... Le festival se poursuit, imperturbablement. Jusqu'à ce qu'une majorité de critiques demande son interruption pendant une journée, en signe de solidarité avec les étudiants et ouvriers en grève. Les projections de *Peppermint frappé* de Carlos Saura, avec Géraldine Chaplin, et *Trilogy*

1 Milos Forman, Jean-Gabriel Albicocco, Jean-Claude Carrière, Anne de Gaspéri, Henry Chapier ; au fond : Bertrand Tavernier 1968 2 Louis Malle 3 Jean-Luc Godard 4 Robert Favre Le Bret, 1968

de Frank Perry, d'après Truman Capote, sont repoussées d'une semaine. Présents à Cannes pour préparer la tenue d'une conférence de presse du Comité de défense de la Cinémathèque prévue le 18 mai, au cours de laquelle ils entendent informer la presse de leurs activités, Godard, Truffaut et quelques autres cinéastes militent pour l'interruption définitive du festival. Robert Favre Le Bret s'y oppose. Le 17 mai, les « Etats Généraux du cinéma » sont créés à Paris, instance collective censée réfléchir aux problèmes du cinéma et de la télévision et proposer des réformes. Une des motions votées exige l'arrêt du festival. Au même moment, à Cannes, un débat réunit un grand nombre de cinéastes, certains membres du jury, Roman Polanski et Louis Malle, d'autres ayant un film en

En bas à droite, Jean-Luc Godard. Sur ses épaules, la jambe de François Truffaut ; à l'arrière-plan, Jean-Pierre Léaud et Claude Berri, 1968

compétition, Milos Forman, Ian Nemec, Carlos Saura, Richard Lester (*Petulia*), Lelouch ou Resnais. Les membres du jury doivent-ils démissionner ? Les cinéastes retirer leurs films de la compétition ? Le débat agite le festival jusqu'au 18 mai, jour de la conférence de presse du Comité de défense de la Cinémathèque. Truffaut demande alors l'interruption définitive du festival tandis que Godard propose d'occuper la grande salle, pour empêcher la projection du film – il s'agit de *Peppermint frappé*. Sur scène, Truffaut, Malle, Albicocco, Berri et Lelouch et quelques autres, tentent d'expliquer leur position aux festivaliers venus voir le film de Saura. Pendant ce temps, le jury s'est réuni pour discuter de sa dissolution. Quatre jurés décident de démissionner : Monica Vitti, Terence Young, Louis

Interruption de la projection, 1968

Malle et Roman Polanski. Plusieurs cinéastes décident de retirer leurs films de la compétition. Dans la salle, c'est l'anarchie la plus complète. Les uns et les autres s'affrontent. D'un côté, ceux qui veulent que le festival se poursuive et que la projection prévue ait lieu. De l'autre, ceux qui espèrent « réformer » le festival en créant des sections parallèles. Enfin, un noyau d'irréductibles qui ne veulent qu'une chose : l'interruption de la manifestation. Dans un premier temps, tenant compte de la démission de certains membres du jury, Robert Favre Le Bret annonce sur scène que le XXIe festival sera considéré comme non compétitif. De nombreux spectateurs espèrent que la projection de *Peppermint frappé* va enfin pouvoir commencer. Mais le noyau dur des contestataires

Interruption du Festival, 1968

entend bien empêcher la projection par tous les moyens. La lumière s'est éteinte, la salle applaudit, mais le rideau est tenu fermé par le groupe contestataire. Bagarres, bousculades sur scène et dans la salle, jusqu'à ce que Favre le Bret annule les projections officielles de la journée. Le lendemain à midi, le délégué général annoncera la « clôture » du festival. « *Je sais que beaucoup de gens nous reprocheront longtemps notre attitude à Cannes,* confiera un peu plus tard Truffaut, dans un entretien accordé à Gilles Jacob alors critique à *L'Express, mais je sais aussi que deux jours plus tard, alors qu'il n'y avait plus d'avions, plus de trains, plus de cigarettes, plus de téléphone et plus d'essence, le festival continuant à fonctionner se serait formidablement ridiculisé.* »

Jack Nicholson, Dennis Hopper et Peter Fonda, l'équipe d'*Easy Rider* 1969

1969 ► 1979

1 et 4 Jack Nicholson, Peter Fonda et Dennis Hopper, 1969 2 Jack Nicholson, 1969 3 Yves Montand, 1969 6 Costa-Gavras et Jorge Semprun, 1969

Godard, Truffaut et les autres, suspendus aux rideaux du Palais, avaient-ils tué le Festival ? En mai 1969, la question ne se pose plus : comme ailleurs, le « système » a réagi. La contestation s'empare du Festival, mais dans des styles bien différents, le film français Z – Montand en tête, chemise immaculée– dénonce, jusque dans la conférence de presse, la dictature en Grèce ! L'équipe d'Easy Rider – encore inconnue – préfère singer la Guerre de Sécession sur les marches du Palais ou jouer la décontraction post-hippie pour parler de l'Amérique. Ce road-movie fait miroiter les couchers de soleil comme les chromes des motos de luxe, mais il prend en écharpe son époque comme aucun autre film du Festival.

Yoko Ono et John Lennon, 1971

Yoko et John, Judith et Julian… Décidément, Cannes n'est plus dans Cannes. Complétant la Semaine de la Critique, née en 1962, la Quinzaine des Réalisateurs a vu le jour, en 1969, sous l'égide de la Société des Réalisateurs de Films. On ne se retrouve plus à Cannes entre festivaliers, entre Cannois d'adoption, entre Parisiens qui se répètent à longueur d'année : « *On se voit à Cannes…* », pour s'y lancer : « *On se voit à Paris, hein ?* » Une autre culture irrigue la Croisette. Comme ex-Beattle, John Lennon n'a nul besoin de Cannes, mais son film *Apothéoses* y trouve une reconnaissance culturelle européenne tandis que *The Fly*, de Yoko Ono, parcours d'une mouche sur un nu féminin, consacre l'entrée du cinéma expérimental dans le vieux Palais.

Judith Malina et Julian Beck, 1970

La tenue et la retenue de Judith Malina sont aux antipodes de la provocation des justaucorps minis et synthétiques de Yoko Ono. Pourtant, avec les deux chefs de file du Living Theatre, c'est une autre contre-culture qui investit le Festival 1970 et vient s'y donner à voir. Celle du théâtre d'abord : Julian Beck est encore auréolé du scandale de *Paradise Now* en Avignon en 1968. Mais surtout une autre pratique de la création, où l'art et la vie seraient indissociables, où l'individu et le groupe ne feraient qu'un. Sur fond d'écran blanc, Julian Beck ressemble à un Nosferatu qui serait venu transfuser au cinéma le souffle d'un théâtre « vivant ». Mais la créature légendaire propageait aussi la peste… Une peste salutaire ?

Sylvie Meyer, 1974

Paradoxalement, au temps du « X » et l'année où Pier Paolo Pasolini présente en compétition *Les Mille et une nuits* (1974), quelques starlettes continuent à se dévoiler d'une manière qui paraît bien timide. Les badauds sont blasés, les photographes photographient à tout hasard, et « *les dénonciateurs dénoncent* »... Pour intéresser, il faut détourner les rites. Peu importe à ceux qui sont rassemblés là que cette jeune femme au crâne rasé sorte d'un film de Federico Fellini ou d'un spectacle du Living Theatre, ou qu'elle agisse de son propre chef : elle fait « spectacle ». La starlette est devenue *La Bonzesse*, film-*off* (Marché du film) où François Jouffa détourne l'érotique vers la mystique bouddhiste, à moins que ce ne soit le contraire.

Arnold Schwarzenegger, 1977

1972 : des féministes s'insurgent contre l'affiche de *Fellini-Roma* : la femme-ville nourricière ravalée au rang de la louve quadripède... 1974 : adoption de la Loi Veil autorisant l'avortement légal. 1976 : on est passé de la femme-bonzesse-objet à l'homme-objet, sous forme d'Arnold Schwarzenegger, vedette du document propagandiste (en faveur du culturisme) *The Pumping Iron*, de George Butler et Robert Fiore. Biceps, triceps, tout cela se palpe comme une marchandise, que l'on manifeste une satisfaction amusée ou une moue dubitative. Schwarzenegger initie un genre musclé qui s'épanouira dans la décennie suivante : Conan ou Terminator pour lui, Rocky ou Rambo pour son rival Sylvester Stallone.

Robert Altman, 1970

« *Un film sanglant d'où jaillit le rire* », affirmait l'affiche de *M.A.S.H.* en 1970. Pour une fois où le Jury, sous l'impulsion de Kirk Douglas, récompense une comédie, ce n'est pas du goût de tout le monde, à commencer par le président de ce même Jury, l'écrivain-prix Nobel Miguel Angel Asturias. Cette farce provocatrice entre scalpel et gaudriole suscite bien des réticences : « *Ignoble… Comique troupier… Bassesse d'inspiration…* » Apparemment, Robert Altman s'en lave les mains et feint l'innocence. Avec le recul, *M.A.S.H.* apparaît comme la face grinçante de la contestation contre la politique de Nixon ou la guerre du Viêt-nam tandis que *Woodstock*, hors compétition, « *3 heures et 5 minutes de paix, de musique et d'amour* », en serait la face planante.

Shelley Duvall, 1974

Les années 70 marquent-elles la fin des stars ? Ou d'une certaine forme convenue de beauté féminine ? Dès 1974, dans *Nous sommes tous des voleurs*, de Robert Altman, Shelley Duvall joue et gagne dans un registre neuf, accentuant à plaisir les particularités de son physique pour montrer un autre visage de l'Amérique.

Jane Birkin, 1974

Jeans « pat'd'éph' » effrangé, T-shirt moulant, silhouette filiforme,
Jane Birkin déploie à Cannes une véritable entreprise de charme
d'un genre radicalement nouveau, jouant sur tous les tableaux,
chipant aux hommes certains de leurs oripaux avec l'innocence
effrontée de la femme-enfant.

Patrick Dewaere et Miou-Miou, 1974

Ici, Patrick Dewaere et Miou-Miou ne sortent pas du Café de la Gare, mais du Majestic. Au moment où le café-théâtre est en train de revivifier le cinéma comique français d'une bonne dose de naturel, s'ils semblent ici déguisés c'est parce qu'ils ignorent la pose et le costume de rigueur à Cannes. Ce n'est pas par anticonformisme que le jean et la robe à volants façon Jean Bouquin fleurissent dans les jardins des palaces, mais parce que le vêtement, comme le jeu des Dewaere, Miou-Miou, Depardieu, Anémone, Lhermitte, Clavier, Balasko, Jugnot, Coluche ou Romain Bouteille, n'est pas seulement une mode mais un état d'esprit. Un esprit de liberté, d'amitié et de culot qui va marquer profondément et pour longtemps le cinéma français.

Fête sur la plage, 1970

1970 : L'esprit de Woodstock n'en finit pas de souffler. L'onde de choc se propage. Sous l'effet de la musique, les corps bougent autrement. Il n'y a plus d'heure, de lieu, de tenues convenues et convenables pour se mettre à danser. De l'influence d'une projection sur le comportement du festivalier…

Françoise Lebrun, Jean-Pierre Léaud et Bernadette Lafont, 1973

1973 : la sélection française fait scandale ! Françoise Lebrun, Jean-Pierre Léaud et Bernadette Lafont font les fous sur la terrasse du Palais pour fêter un film très sérieux à l'humour grinçant, *La Maman et la putain*, de Jean Eustache. Celui-ci choque à la fois les puritains – qui feignent d'y découvrir avec horreur l'usage du « Tampax » –, les féministes et quelques soixante-huitards qui n'y retrouvent guère leurs petits : révolution sexuelle comme révolution tout court, militantisme et utopies... C'est *le* film qui exprime les désillusions du moment tout en restant irrécupérable par les adeptes de la Nouvelle Société, alors chère à Chaban-Delmas et vite tuée dans l'œuf. Le Jury lui accorde son Grand prix spécial, à l'indignation de sa présidente, Ingrid Bergman.

Marco Ferreri et Michel Piccoli, 1973

Je provoque, tu provoques, ils provoquent… Plus encore que *La Maman et la putain*, en cette année 1973, *La Grande bouffe* fait scandale. On ne le retrouvera d'ailleurs pas au Palmarès officiel. Certes, Ferreri et Piccoli en rajoutent. Mais le scandale vient d'abord du sujet abordé par le film. Ensuite de ce qu'il est interprété par une pléiade d'acteurs réputés pour leur discernement, leur sagesse, leur (relative) modération : Piccoli, Noiret, Mastroianni, Tognazzi (sans négliger une jeune beauté gironde, Andréa Ferréol). Enfin de ce qu'il brouille les cartes : la bouffe est-elle la métaphore du sexe ou le contraire ? Ferreri traduit de façon ludique, trois ans après, le sociologue Jean Beaudrillard et sa *Société de consommation*.

Andrew Birkin, Jane Birkin et Serge Gainsbourg, 1969

Qu'il a l'air correct, le Gainsbourg en smoking et nœud pap'de l'année 1969 ! Si Jane Birkin semble attendrie (par l'effet de notre montage) par le couple Ferreri-Piccoli, lui-même paraît incrédule. C'est André Cayatte qui les a réunis et ils viennent promouvoir un film on ne peut plus branché, *Les Chemins de Katmandou*. L'Inde, les hippies, la famille impossible, la pourriture des affaires, la philosophie et la religion indiennes, la drogue, la mort… Trop dans l'air du temps ? À la fin, le héros, incarné par Renaud Verley, rejoint Calcutta pour y secourir les paysans indiens… En compétition officielle, Louis Malle présente, justement, son film-document *Calcutta*. Qu'on y parte ou qu'on y revienne, l'Orient marque la décennie finissante.

Claude Sautet, Romy Schneider, Michel Piccoli, Lea Massari, 1970

Claude Sautet et *Les Choses de la vie* auraient-ils dû être primés à Cannes en 1970 ? La question reste ouverte, mais le film, interprété par Romy Schneider et Michel Piccoli (ci-dessus avec leur réalisateur), marque le retour en force d'une certaine tendance du cinéma français qui n'avait jamais totalement disparu, mais n'occupait plus que très rarement le devant de la scène. Pour quelques décennies, le cinéma français va se partager entre une Nouvelle Vague qui n'est pas prête à déposer les armes (Truffaut, Rohmer, Chabrol, Rivette, Godard, Demy…) et une Qualité française tout de même renouvelée, où vont s'engouffrer des cinéastes notables : Boisset, Tavernier, Corneau, Rouffio… Quant à Michel Piccoli, il est partout !

1969

190

1 Vittorio et Paolo Taviani, Saverio Marconi, 1977 2 Luchino Visconti, Dirk Bogarde, Sergio Leone et Michèle Morgan, 1971 3 Magali Noël, Federico Fellini et Giulietta Masina, 1974 4 Jean-Pierre Aumont, Jacqueline Bisset, François Truffaut, Valentina Cortese, Bernard Menez, Nathalie Baye et Dani, 1973

Devant l'objectif, on pose, plus ou moins bien, selon les habitudes ou les dispositions, l'atmosphère ambiante et les partenaires. Vittorio et Paolo Taviani entourent, en costume blanc, le jeune héros de *Padre Padrone* (Palme d'or), qui a vingt ans en 1977. À droite, générations et origines se mêlent : l'Italien Luchino Visconti reçoit de la Française Michèle Morgan le Prix du XXVe anniversaire sous le regard du Britannique Dirk Bogarde (*Mort à Venise*) et de Sergio Leone (alias Bob Robertson). Federico Fellini n'a guère l'air plus à l'aise, entre Magali Noël et Giulietta Masina (pour *Amarcord*), que François Truffaut au milieu de l'équipe de *La Nuit américaine*.

Dominique Sanda, 1973

Pour se montrer à Cannes, la beauté d'une femme douce (Bresson) n'y suffit-elle pas ? Sans conformisme (Bertolucci), Dominique Sanda exprime la violence et la passion (Visconti), au-delà du bien et du mal (Cavani). Confirmation dans trois ans (1976) avec un prix d'interprétation (*L'Héritage*, Mauro Bolognini).

Daniel Toscan du Plantier et Isabelle Huppert, 1976

Dans l'ombre veillent les anges protecteurs ou les éminences grises, que seul l'objectif indiscret du photographe révèle parfois lorsqu'apparaît une jeune actrice. Homme de l'ombre, Daniel Toscan du Plantier ne tient pas à le rester longtemps. Outre une politique de prestige culturel à la Gaumont de 1976 à 1984, on doit au producteur la révélation de quelques-unes des actrices qui ont marqué le cinéma français depuis un quart de siècle ainsi que quelques belles réussites en matière d'opéras filmés ; de _Don Giovanni_ (Joseph Losey) à _Carmen_ (Francesco Rosi). Sans lui, la timide héroïne de _La Dentellière_ (Claude Goretta, 1976) serait-elle jamais devenue la puissante actrice, l'inquiétant personnage destructeur de _La Cérémonie_ (Claude Chabrol, 1996) ?

Marlène Jobert et Serge Silberman, 1969

En 1969, le film d'un vieux routier, René Clément, qui n'a pourtant débuté vraiment qu'en 1945, réunit une jeune actrice de théâtre découverte par Godard dans *Masculin-Féminin*, bientôt célèbre pour ses taches de rousseur, Marlène Jobert, et un producteur d'origine polonaise qui a déjà produit Becker et Buñuel, en attendant Kurosawa, Beineix et Oshima, Serge Silberman. *Le Passager de la pluie*, avec également Charles Bronson et Jill Ireland, confirme la réputation de René Clément, meilleur technicien du cinéma français. On lui reproche sa froideur et sa virtuosité vide et fonctionnelle. Le film ne figure dans aucune sélection officielle, mais ce n'est tout de même pas une raison pour ne pas faire la fête !

Jerry Lewis et Pierre Richard, 1976

À Cannes, aucune logique ne préside a priori à certaines rencontres. En 1976, Jerry Lewis ne tourne plus depuis cinq ans, et Pierre Richard n'a aucun film en sélection, malgré la multiplicité des sections crées par Maurice Bessy, Délégué général depuis 1972 : « Les Yeux fertiles » en 1975, « L'Air du temps » en 1976, en attendant, l'année suivante, « Le Passé composé ». Qu'importe, les deux acteurs-réalisateurs viennent pour rappeler qu'ils savent être drôles et (se) faire rire. Pierre Richard poursuivra, pour un temps, une carrière ascendante, mais Jerry ne retrouvera, lui, du boulot qu'à la fin de la décennie. En attendant, il semble bien continuer son reportage photographique au long cours sur le Festival.

Jacques Dutronc, 1979

Qui oserait se prétendre producteur, draguer les midinettes, lancer des œillades sans équivoque aux starlettes, sans un cigare ? Havane entre les dents, Jacques Dutronc incarne tout cela. Il n'est pourtant pas producteur mais chanteur et, occasionnellement encore, acteur cette année-là dans *À nous deux*, de Claude Lelouch.

Groucho Marx, 1972

Le cigare, Groucho Marx en avait fait son accessoire de prédilection près d'un demi-siècle avant Dutronc. Symbole, aussi, d'une énergie sexuelle jamais démentie. Signe enfin de l'agitation du dirigeant américain fébrile et sûr de son efficacité, même si Groucho brassait en vain l'air à grandes enjambées. Invité d'honneur du Festival en 1972, la moustache blanchie par l'âge, il lui fallait perturber autrement la logique établie et les bienséances. Le cigare est toujours bien planté au coin des lèvres, entre le nœud papillon du smoking et le béret bien français réclamé par Brunius dans _L'Affaire est dans le sac_, de Pierre (et Jacques) Prévert. Idéal pour recevoir les insignes de Commandeur des Arts et Lettres !

Jacques Tati, 1974

À Cannes, on aime les parades, et la présentation, hors compétition, de *Parade*, dont on ne sait pas encore que ce sera le dernier Tati, est prétexte à une vraie parade sur la Croisette, avec fanfare, confettis et serpentins. René Clair préside le Jury. Jacques Tati, lui, ne sera jamais juré... ni académicien.

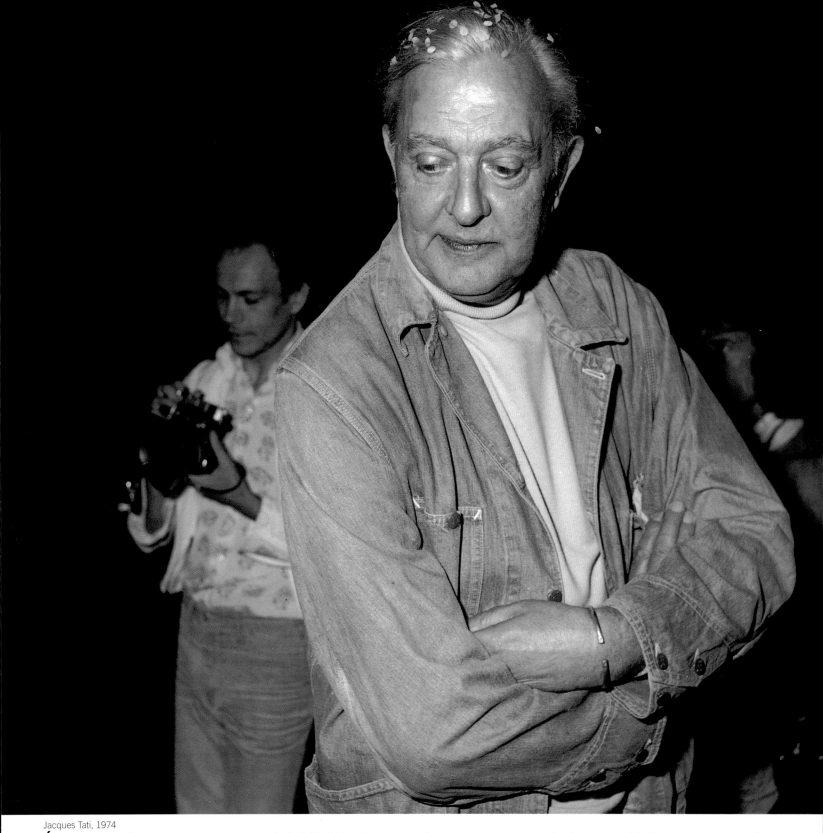

Jacques Tati, 1974

Étrange et émouvant, ce regard dubitatif et ce sourire un peu amer de Jacques Tati encore sous le coup de la fête et maculé de confettis ! Le Festival n'a jamais été très généreux avec lui. Le Jury officiel, qui avait pourtant créé, en 1953, le Prix de la bonne humeur et même celui de divertissement, oublia *Les Vacances de Monsieur Hulot*, et se rattrapa avec le Prix spécial du jury attribué en 1958 à *Mon oncle*. Et le voilà fêté pour un film tourné en vidéo à Stockholm. Cette année-là, sa société est mise en faillite. Il a vendu ses biens, perdu ses droits sur ses quatre premiers longs métrages, le fabuleux décor de *Playtime* est détruit… Mais Tati paraît affronter la fête comme l'adversité : un roc et une force intérieure qui résistent aux outrages du temps, comme ses films.

Gérard Depardieu, 1976

Gérard Depardieu et Patrick Dewaere. *Les Valseuses*, de Bertrand Blier, les avaient réunis et définitivement révélés en 1974. Jusqu'à la mort volontaire et imprévisible du second, ils entraîneront dans leur sillage le meilleur des jeunes acteurs du cinéma français. En 1976, Depardieu est là pour le film de Bernardo Bertolucci, *1900*, mais il a travaillé avec Duras, Rouffio et Resnais, en attendant Ferreri, Truffaut, Pialat ou Zidi. Il marque chaque rôle de son énergie, de sa corpulence, de sa voix. Il introduit dans le cinéma français une violence physique qu'on croyait réservée aux acteurs américains. Avec lui, le cinéma français retrouve, dans les années 70, le plaisir d'un cinéma d'acteurs forts, passerelles entre cinéma populaire et cinéma d'auteur.

Patrick Dewaere, 1976

Face à Depardieu, Patrick Dewaere incarne une certaine fragilité compensée par une volonté butée, une nervosité à fleur de peau. Les personnages incarnés par Dewaere, rongés par une détresse intérieure, ne suscitent pas l'admiration ou l'étonnement que produit le trop-plein d'énergie d'un Depardieu, mais l'inquiétude, le sentiment qu'une violence d'origine inconnue, inattendue, peut surgir à tout moment et contre n'importe qui, fût-ce contre lui-même. Quoique n'ayant joué qu'une seule fois ensemble, le duo Depardieu-Dewaere a incarné, dans la décennie, les deux pôles d'un certain malaise français, à la fois psychologique et social, deux manières de vivre et de réagir, d'affirmer une volonté de vivre, et parfois de mourir.

Marcello Mastroianni, 1976

En cette année 1976, Marcello Mastroianni est venu en voisin, en ami, en habitué, ou pour accompagner un ami, peut-être Ettore Scola, avec qui il va bientôt tourner un film raffiné et désespéré, *Une journée particulière*. Il traîne, dans les bars, les cocktails, discute, joue de son charme, de son sourire, de son élégance naturelle. C'est presque un festivalier comme les autres, vivant une journée ordinaire à Cannes au mois de mai. Pour un peu, on oublierait qu'il est une star tant il paraît disponible, ignorant le stress de la star-business américaine. Disponible comme il le fut dans sa carrière, aux rôles les plus inattendus, de Visconti à Pietro Germi, d'Yves Robert à Raul Ruiz, d'Antonioni à Altman… Une star à l'italienne.

Jack Nicholson, 1974

Cinq ans après *Easy Rider,* bien des choses ont changé pour Jack Nicholson qui joue dans *La Dernière Corvée,*
de Hal Ashby, le rôle d'un marin militaire un peu macho au grand cœur. Il recevra le Prix d'interprétation
masculine. Cette étrange photo montre un homme seul, le regard un peu perdu vers un ailleurs indécis, face
à un micro que personne ne semble lui tendre, des questions que personne ne pose, comme à la recherche
de sa propre voix intérieure. Une nouvelle génération d'acteurs a pris possession du cinéma américain,
producteurs, scénaristes, réalisateurs, sachant prendre tous les risques sans pour autant renoncer à jouer la
carte la plus commerciale. Un nouveau cinéma hollywoodien s'installe progressivement.

Philippe Noiret et Michel Piccoli, 1973

Au moment de *La Grande Bouffe*, Michel Piccoli et Philippe Noiret sont bien installés au centre du paysage cinématographique français. Au lieu de rejouer de film en film les mêmes personnages, ils choisissent, au risque de déplaire, de surprendre, de n'être pas là où on a cru pouvoir les classer, un jour côté Nouvelle Vague, un autre côté tradition...

Donald Sutherland et Elliott Gould, 1974

SPYS, d'Irving Kerschner, qui clôt le festival en 1974, n'est pas remarquable. Mais il permet de prendre la mesure de la diversité et de la plasticité des nouveaux acteurs américains. Ces deux compères ont débuté en même temps et ont connu la notoriété vers 69-70, avec des films pas très éloignés, *Les Douze Salopards*, de Robert Aldrich, pour Donald Sutherland, d'origine canadienne, *M.A.S.H.*, de Robert Altman, pour Elliott Gould. Celui-ci a composé un remarquable Philip Marlowe, pour lequel il n'avait pas le physique, grâce à sa décontraction, dans *Le Privé*, toujours d'Altman, tandis que la nonchalance de Sutherland se transformera en mécanique sexuelle dans les mains de Fellini pour son *Casanova*.

Paul Newman, 1973

De tous les acteurs hollywoodiens de sa génération, Paul Newman est celui qui préfigure le mieux une évolution propre aux années 70. Marqué comme James Dean ou Marlon Brando par le jeu introspectif et torturé de l'Actors Studio, il s'éloigne peu à peu de la figure du romantisme désespéré. En 1973, il présente sa seconde réalisation après *Rachel, Rachel* : *De l'influence des rayons gamma sur le comportement des marguerites*, de nouveau interprété par son épouse, Joanne Woodward, qui recevra le Prix d'interprétation. Les années 70 voient se développer ce phénomène largement positif des acteurs-réalisateurs. Et en tant que réalisateurs, ils ne manqueront pas de venir présenter leurs films à Cannes. Où pourraient-ils mieux se voir confirmer leur statut d'*auteurs* ?

Jane Fonda, 1978

En 1978, Jane Fonda vient défendre *Retour*, de Hal Ashby, où elle est l'épouse d'un vétéran du Viêt-nam handicapé à vie. Nul n'ignore ses opinions tranchées contre la guerre et en faveur des mouvements féministes. Mais elle séduit surtout par l'élégance, le sourire. Elle a l'authenticité d'une actrice en pleine possession de son art.

Jodie Foster, Robert de Niro et Harvey Keitel, 1976

En 1974, un jeune inconnu débarquait à Cannes, déjà accompagné par Robert De Niro, parce que son film *Mean Street* avait été sélectionné par la Semaine de la critique. En 1976, c'est le choc du Festival avec *Taxi Driver*, et le choc pour Martin Scorsese : la Palme d'or. Un des grands auteurs américains d'aujourd'hui est révélé et reconnu en à peine deux ans. C'est aussi cela le miracle de Cannes. Mais le miracle, c'est plus encore de couronner un film dont la violence en a rebuté plus d'un, à commencer, une fois de plus, par le Président du Jury, Tennessee Williams, et dont le sujet, dû à Paul Schrader, n'est rien moins que mystique. Travis, le héros « *est quelque part entre Charles Manson et Saint-Paul* », déclarait Scorsese.

Sydney Pollack et Robert Redford, 1972

La complicité auteur-acteur qui unit Sydney Pollack à Robert Redford a donné les meilleures œuvres de ce cinéaste plus traditionnel que le groupe formé par Scorsese, Coppola ou De Palma, moins brillant que Lucas ou Spielberg. En 1972, ils présentent ensemble *Jeremiah Johnson*, dans un genre rarement représenté à Cannes, le western. Indirectement, ce film lyrique, récit d'apprentissage de la liberté et de la beauté, introduit un thème dont l'importance dans la vie américaine ne va cesser de grandir d'année en année, l'écologie. Redford, lui, suivra la voie de son aîné Newman, avec qui il forma le truculent duo de *Butch Cassidy et le Kid*, et passera à la réalisation en 1980, avec *Ordinary People*.

Bulle Ogier, 1976

A elle seule, cette photo suffit à dire la beauté, la fragilité, la simplicité, l'immatérialité parfois de l'actrice fétiche de Jacques Rivette. Cette année-là pourtant, Bulle Ogier incarnait la fille du soleil face à Juliet Berto, fille de la lune dans *Duelle*, un film aussi déroutant que fascinant de Rivette, sélectionné à la Quinzaine des réalisateurs.

Isabelle Huppert, Claude Chabrol et Stéphane Audran, 1978

Vingt ans après *Le Beau Serge*, la Nouvelle Vague ne manque pas d'allure. Cannes a peu réussi à Chabrol, qui y est d'ailleurs rarement venu. Mais cette année-là est la bonne : Isabelle Huppert repartira avec le Prix d'interprétation pour *Violette Nozière*. Il est vrai qu'après des hauts et des bas, une nouvelle étape s'ouvre dans l'œuvre abondante de Chabrol, porteuse de nouvelles œuvres inquiétantes. À le voir, entre Isabelle Huppert et Stéphane Audran, détendu, affable, caché derrière le masque du plaisantin et ses grosses lunettes, qui devinerait que le film traite d'un célèbre cas de parricide et d'un personnage aux mobiles aussi sombres qu'opaques ? Ne vous fiez pas aux apparences, ne cesse-t-il de répéter… À Cannes surtout !

Roman Polanski et Isabelle Adjani, 1976

Elle vient de tourner *Histoire d'Adèle H.* avec Truffaut. Elle va jouer dans *Barocco*, de Téchiné. Elle est en passe de devenir une grande star du cinéma français. Mais elle accepte de jouer un rôle un peu effacé dans le très paranoïaque *Locataire* de Roman Polanski en 1976. Maintenant, elle va apprendre à se faire désirer.

Christine Pascal, 1979

Elle est à Cannes en 1979 pour présenter sa première réalisation, *Félicité*. Actrice remarquée en particulier dans les films de Bertrand Tavernier, Christine Pascal ne laissera jamais le public indifférent. Les années 70, en France, sont les années du cinéma des femmes : Nadine Trintignant, Liliane de Kermadec, Christine Laurent, Yannick Bellon, Michèle Rosier… Venue plus tard, Christine Pascal n'a rien de la militante. Si l'expression n'était pas ambiguë, on pourrait dire qu'elle filme comme un homme, dans un corps à corps avec la vie et le cinéma. Avec tous les risques. Jusqu'à la tragique chute finale dans le vide une nuit d'août 1996… Tant pis pour ceux qui ont pris cela pour de l'exhibitionnisme…

1 Jean Seberg et Romain Gary, 1971 **2** Charlotte Rampling et Tennessee Williams, 1976 **3** Françoise Sagan, Sergio Amidei et Jules Dassin, 1979 **4** Marguerite Duras et Daniel Toscan du Plantier, 1977

Les écrivains, c'est une tradition, sont souvent présents au Festival et nombreux dans les jurys. En 1971, Romain Gary a une bonne raison : il vient de faire tourner son épouse dans *Kill,* aux côtés de James Mason et Stephen Boyd. La responsabilité de Président du Jury et de juré n'interdit pas la détente si on en juge par le fou rire de Tennessee Williams et le sourire radieux de Charlotte Rampling en 1976. Tenant la main de sa Présidente en 1979, Jules Dassin est plus contracté. Il est vrai que Françoise Sagan causera bientôt un mini-scandale en révélant les pressions qui s'exercent sur les jurés. Romancière, Marguerite Duras présente un film qui détonne dans la sélection officielle 1977, *Le Camion.*

Peter Handke et Wim Wenders, 1978

Le romancier et le cinéaste. Mais ce jour de 1978, le cinéaste, c'est l'autre. Accompagné de son complice Wim Wenders, qui a déjà adapté plusieurs de ses romans, Peter Handke vient présenter sa première œuvre de cinéaste, *La Femme gauchère*. Après des années de silence et d'obscurité, le cinéma allemand retrouve, dans les années 70, une place de choix : Schlöndorff, Fassbinder, Herzog, Schroeter, Syberberg, Fleischmann... La brèche sera malheureusement de courte durée. Fassbinder meurt bien trop tôt. Schlöndorff devient plus européen qu'allemand, Wenders est fasciné par l'Amérique... D'autres glissent doucement dans l'oubli... Cannes n'a plus beaucoup de films allemands à se mettre sous la dent.

André Téchiné et Marie-France Pisier, 1979

A gauche, on voit la joie intérieure d'André Téchiné ; son regard intimidé contraste avec celui de l'une de ses interprètes des *Sœurs Brontë,* **Marie-France Pisier complice et charmeur. A droite Nastassja Kinski semble encore bien incertaine de son image, à côté d'un Roman Polanski sûr de lui.**

Roman Polanski et Nastassja Kinski, 1979

A la fin des années 70, le romanesque opère un grand retour, du moins à Cannes. Téchiné s'inspire de la vie et des œuvres des sœurs Brontë, Roman Polanski réalise *Tess*, d'après le roman de Thomas Hardy, avec Nastassja Kinski. Il y a pourtant autant de différence entre les premiers films de Téchiné, *Paulina s'en va* ou *Souvenirs d'en France*, et *Les Sœurs Brontë*, qu'entre *Le Couteau dans l'eau* ou *Cul-de-sac* et *Tess*. Téchiné poursuivra avec rigueur et invention dans une veine romanesque plus intimiste, Polanski dans une direction plus spectaculaire (*Pirates*). Plus qu'entre un cinéma d'auteur et un cinéma visant un large public, un clivage se dessine entre cinéma européen et cinéma attaché à une culture nationale, voire régionale.

Louis Malle, Brooke Shields et Susan Sarandon 1978

Qu'est-ce qui peut encore faire scandale à Cannes en 1978 ? *La Petite*, de Louis Malle. Pourquoi ? Parce que Malle montre la vie d'une fille de prostituée dans un bordel de la Nouvelle-Orléans ? Parce qu'une fois pubère, sa virginité est mise aux enchères ? Parce que, comme devant son milicien de *Lacombe Lucien*, Malle ne prend pas parti, il montre. Et la candeur de la jeune Brooke Shield, sur la photo, son étonnement devant ce qu'elle suscite – dans le film ou dans la cohue cannoise, entre Louis Malle et Susan Sarandon – constituent le vrai scandale du film, qui renvoie ainsi le spectateur à lui-même. Le temps n'est plus à la dénonciation, mais au constat. Respect du public ou suprême cynisme ? L'avenir en décidera.

Mariel Hemingway, 1979

Visage. La lumineuse Mariel Hemingway est l'une des vedettes de *Manhattan*, de Woody Allen, en 1979. De film en film, Woody Allen a forgé son personnage, son style, son univers. Lui-même acteur, l'un de ses grands talents de metteur en scène consiste à révéler des actrices... et tout commence par des visages.

Robert de Niro, 1976

L'acteur américain de la décennie et bien plus. Ici, il est venu soutenir, en 1976, *Taxi Driver*, de son ami Scorsese. Il donne le sentiment de pouvoir tout faire, y compris grossir ou maigrir à vue d'œil. Cette malléabilité ne résulte pas d'une technique ou d'une habileté machiavélique. Elle répond aux besoins d'un nouveau cinéma américain que se fait jour dans la décennie et se développera dans les années suivantes. L'Amérique de John Wayne est bien morte. Avec lui, Scorsese, Coppola, entre autres, c'est l'Amérique des ex-minorités qui émerge enfin. Ici, celle de l'immigration italienne, ailleurs une autre. L'Amérique de Newman ou Redford était encore une. Celle de De Niro est infiniment multiple.

Francis Ford Coppola et son fils Gio, 1979

Avec *Apocalypse Now*, Francis Ford Coppola (ici avec son fils Gio) remporte en 1979, sa seconde Palme d'or, après celle de *Conversation secrète* en 1974. Cette récompense ne couronne pas seulement un immense cinéaste et une œuvre à l'ambition gigantesque. *Apocalypse Now* est le premier film de l'après-*Société du spectacle*, concept philosophique lancé par Guy Debord en 1967. Coppola tire toutes les conséquences de la guerre du Viêt-nam et de sa diffusion quotidienne en direct à la télévision : la guerre devenue un spectacle permanent. Dans le même temps, le film devient lui-même, sur le tournage, un champ de bataille. Où est la différence entre le virtuel et le réel ? Le film ne ferme pas une décennie, il ouvre les suivantes. **JOËL MAGNY**

Jessica Lange et Bob Rafelson, *Le Facteur sonne toujours deux fois*, 1981

1980 ▶ 1996

Isabelle Adjani et Sam Neill, 1981

Au début des années 80, Isabelle Adjani est en passe de devenir une star incontestable. Aux bras de Sam Neill, son partenaire dans *Possession*, elle a un air d'enfant sage qui met d'autant plus en valeur son versant noir, celui qu'elle exprime puissamment dans le film d'Andrzej Zulawski. Ange et démon, Isabelle Adjani est une énigme, une étrange comtesse aux pieds nus, une étoile aux battements de cils mystérieux. Cette année-là, en 1981, le jury du festival ne s'y trompe pas puisqu'il donne à la comédienne un double prix d'interprétation pour *Possession* et *Quartet,* le film de James Ivory. Ornée de son nouveau diadème, la petite princesse se transforme en reine inaccessible. Malgré les turbulences, elle va régner sur le cinéma mondial.

Faye Dunaway, 1982

Actrice en pleine maturité, Faye Dunaway est saisie en plein milieu d'un exercice auquel il est difficile de se soustraire : la conférence de presse. Il faut répondre de sa présence, du film que l'on promeut, de l'état du cinéma, du monde qui va et qui vient… Le micro devient un attribut majeur de l'acteur métamorphosé en médiateur…

Jack Nicholson, 1981

En dehors des circuits trop intégrés, la chance de l'instantané demeure. Ainsi le masque de Jack Nicholson n'a-t-il rien de figé tant il résonne avec les multiples visages de l'acteur américain le plus inattendu de sa génération. Depuis son prix d'interprétation pour *La Dernière Corvée* d'Hal Ashby en 1974, Nicholson s'est transformé en génie protéiforme capable de jouer de tous les paradoxes du comédien. Ce visage saisi au vol a l'éclat et l'intelligence de celui qui sait exactement où il en est. Passent les courants tumultueux de *Chinatown, Vol au-dessus d'un nid de coucou, Shining* ou du *Facteur sonne toujours deux fois*... Jack Nicholson à Cannes ou comment un acteur en représentation peut rester pleinement lui-même.

Melissa Mathison et Steven Spielberg, 1982

Venu clore le festival avec *E.T.*, Steven Spielberg est ivre de sa joie. Il porte le badge de son film, ce qui laisse à penser que le *merchandising* se confond déjà avec le cinéma. Spielberg et sa femme savent que tout se joue sur une autre côte, nettement plus à l'Ouest et qu'après tout, le festival n'est qu'un aimable divertissement.

Michel Piccoli, Alain Sarde et Jean-Luc Godard, 1982

A l'autre extrémité du cinéma se tient Jean-Luc Godard. Après les années Mao et les tumultes du « groupe Dziga Vertov », après les années vidéo et les patientes recherches dans son laboratoire grenoblois, il vient de faire son retour sur la terre du cinéma *commercial* avec *Sauve qui peut (la vie)*, le premier de ses films à être sélectionné à Cannes. En 1982, il vient représenter *Passion*, sorte d'art poétique. Protégé par le producteur Alain Sarde et l'ogre aux yeux brillants Michel Piccoli, Jean-Luc Godard, cigare, nœud papillon, a des airs de conspirateur. Chaque film est un complot et il sait, tel un habitué des casinos, que le festival, le cinéma ne sont que des jeux de hasard. Il va miser gros mais ne se soucie pas du gain...

Costa-Gavras et Yilmaz Güney, 1982

1982, année d'engagement. Frères d'un instant, Costa-Gavras et Yilmaz Güney montent sur scène pour leur Palme d'or commune. Le théâtre cannois tente de se mettre au diapason du monde, de ses combats, de ses vibrations. 1983, année de solitude. Andreï Tarkovski et Robert Bresson reçoivent *ex-aequo* un Grand prix de

1980

Andreï Tarkovski et Robert Bresson, 1983

la Création, faute d'une Palme d'or attendue par l'un et l'autre. Ils sont dans l'isolement de leur position d'artiste qui n'est guère prisée par le monde du cinéma. Dans leur regard se lisent simultanément la déception, le retrait, l'obstination. Ils sont comme des ombres silencieuses en un royaume trop tapageur…

Grève des photographes, 1983

Le monde change, le festival aussi. Signe des temps : en 1983, l'ancien Palais sur la croisette est remplacé par une forteresse, bâtie en front de mer près du port, et qu'on baptisa aussitôt « le bunker ». Pressentant l'irruption d'une nouvelle barbarie, les photographes ont déposé leurs armes, face contre terre, en signe de protestation contre les conditions de travail draconiennes qu'on veut leur imposer. Les nouveaux médias commencent à dominer, réduisant trop souvent le rôle du photographe à celui d'un exécutant, voire d'un employé. La télévision et son cortège d'animateurs prend le pouvoir. Le festival est devenu une industrie qui a ses exigences. L'artisanat est condamné à s'adapter. L'image est maintenant plus codifiée, plus stratégique, moins

innocente, davantage liée à un marché que plus personne ne maîtrise vraiment. Le village cannois s'est transformé en Village Global. Les lieux, les situations, les attitudes ne seront plus jamais exactement comme avant. Ce jour-là, les marches du nouveau Palais sont vides, détournées de leur fonction événementielle au profit d'un acte de revendication. L'ambiance est nocturne, fébrile, électrique. Les visages sont perplexes, inquiets, parfois rigolards tout de même. Le stress remplace le strass. Le photographe, être solitaire, se retrouve saisi par une interrogation collective, celle de l'image comme production. Quelle image le festival veut-il donner de lui même ? Telle est la question…

John Huston, 1984

Le géant John Huston est comme un albatros trop grand pour le festival. L'envergure est telle qu'on lui rend un hommage pour l'ensemble de son œuvre, tandis qu'il est venu présenter son *Au-dessous du volcan*. Huston est un des derniers monstres sacrés du cinéma américain. Il a plus de quarante ans de carrière et une force de vie intacte.

James Woods, Joe Pesci, Robert de Niro et Sergio Leone, 1984

Autre monstre barbu, Sergio Leone a fini par réaliser son rêve, *Il était une fois en Amérique*, dernier volet d'une trilogie inaugurée quelque quinze années auparavant avec *Il était une fois dans l'Ouest*. Leone est concentré au moment de livrer son chef-d'œuvre aux yeux du cinéma mondial, tandis que les acteurs de sa troupe, James Woods, Joe Pesci, Robert De Niro semblent des adolescents décontractés, dégingandés, fils prodiges protégés par leur père spirituel, démiurge d'un univers fascinant. Sous la pluie, et dans le tremblé d'un instant d'éternité, ils attendent leur tour. Ils savent qu'ils sont Le Cinéma, même si le film légendaire qu'ils apportent en cadeau aux festivaliers appartient peut-être à une espèce en voie de disparition…

Nastassja Kinski et Gérard Depardieu, 1983

Les années 80 sont incontestablement les années Depardieu. Presque chaque année, l'acteur le plus populaire de France vient à Cannes, comme pour un rendez-vous en forme de rituel, vécu dans la générosité boulimique qui le caractérise. Il est un de ces habitués qu'on aime à retrouver au détour d'une montée des marches, une de ces attractions qui attire immanquablement les foules, un de ces personnages hors du commun sans qui le festival et le cinéma ne seraient pas ce qu'ils sont. 1983 : *La Lune dans le caniveau* de Jean-Jacques Beineix. 1984 : *Fort-Saganne* d'Alain Coureau et *Tartuffe* qu'il réalise lui-même.1986 : *Tenue de soirée* de Bertrand Blier. 1987 : *Sous le soleil de Satan* de Maurice Pialat. 1989 : *Trop belle pour toi* de Bertrand Blier. 1990 : *Cyrano de*

Sophie Marceau, Gérard Depardieu, Catherine Deneuve et Philippe Noiret, 1984

Bergerac de Jean-Paul Rappeneau. 1992 : il est président du jury et le parrain d'un hommage rendu à John Cassavetes en présence de son fils Nick et de Gena Rowlands, son épouse et formidable comédienne dans ses films. Chaque année, il jubile. Jeune premier aux bras de la sublime Nastassja Kinski ou plongé dans un de ces bains de foule qu'il affectionne en compagnie de Sophie Marceau, Catherine Deneuve, et de Philippe Noiret, il est le véritable pivot du cinéma français, l'homme sur le nom de qui les financiers s'engagent les yeux fermés pour les projets les plus fous. A l'étranger, le nom de Depardieu est synonyme de cinéma français, comme en d'autres temps de Belmondo ou Delon. Il met tout le monde d'accord, il réconcilie l'art et le commerce,

Gérard Depardieu, Miou-Miou et Michel Blanc, 1986

l'industrie et la cinéphilie. Il va bientôt entamer une carrière américaine avec un bonheur incertain. Il est l'Homme-cinéma. Tonitruant partenaire de Miou-Miou et Michel Blanc ou déjà moustachu comme le futur Cyrano l'exige, assis dans la salle de projection avec Carole Bouquet et Bertrand Blier, Depardieu n'est pas seulement une valeur en hausse permanente à la bourse des comédiens, il est aussi un acteur d'auteurs. Ces années Depardieu sont donc tout aussi bien les années Pialat ou peut-être davantage encore les années Blier. Dans *Tenue de soirée* ou tout aussi bien dans *Trop belle pour toi*, Depardieu est maquereau ou garagiste. Il aime les femmes ou les hommes. Il joue l'excès ou la retenue. Dans tous les cas de figure, il est le soliste d'une partition

Carole Bouquet, Bertrand Blier et Gérard Depardieu, 1989

écrite sur mesure pour sa voix et son corps, un Stradivarius qui se délecte de mettre l'accent, de donner le rythme, d'élever le ton, de faire entendre la musique, de saisir l'inflexion. Blier ne peut plus se passer de lui et l'acteur en jouit. Depardieu va jusqu'au bout, toujours. Sacrément monstrueux, il sait pourtant laisser du champ à ses partenaires, qu'il stimule de sa seule présence. Josiane Balasko, Miou-Miou, Carole Bouquet ou Michel Blanc lui en seront éternellement reconnaissants. Il les a tous aimés avec le même enthousiasme, la même foi, la même innocence. Depardieu est une force, un cyclone, une énergie pure… Il dévaste et reconstruit ses rôles en permanence. Insatiable et valeureux, il triomphe de tous les obstacles…

Jacques Dutronc et Mrinal Sen, 1983

Choc des cultures : Jacques Dutronc remet le Prix du jury au cinéaste indien Mrinal Sen. Étrange complicité que celle des cérémonies de clôture. On ne saura jamais ce que Dutronc chuchote à Sen, mais on rêve, l'espace d'un instant, à l'Internationale du cinéma… Un grand jeune homme blond remporte la Caméra d'or. C'est Jim Jarmusch,

François Périer et Jim Jarmusch, 1984

étranger au paradis. Son aîné, qui connaît le cinéma sur le bout des doigts, lui rend un hommage vibrant. C'est François Périer, acteur sans tartufferies. Jarmusch fixe un horizon déjà lointain. Il est le héros juvénile du cinéma new-yorkais. Un ange passe… C'est un moment de pure légèreté… Il va filer aussi vite qu'une étoile naissante…

Clint Eastwood, 1985

Comme un homme politique ou un sphinx, on interroge Clint Eastwood sur tous les sujets. Il est là pour *Pale Rider*, un western qu'il a mis en scène lui-même. Depuis presque quinze ans, Eastwood est un grand cinéaste. Peu le savent. La plupart l'imaginent en inspecteur Harry proto-fasciste ou en cow-boy un peu borné. Ils ont tort. Eastwood vient à Cannes parce qu'il sait que sa rédemption passe par l'Europe. Il reviendra plusieurs fois, avec *Bird* ou *White Hunter Black Heart*, sans jamais vraiment trouver la consécration. Il est d'une discrétion exemplaire, d'une désarmante gentillesse. Il joue sobre, n'en rajoute pas, ne fait pas de déclarations fracassantes. Il est une star... et un grand cinéaste.

David Bowie et Nagisa Oshima, 1983

David Bowie est rayonnant. Nagisa Oshima est énigmatique. *Furyo* leur film, déplace subtilement la ligne entre l'Orient et l'Occident. C'est le genre de rencontres dont chaque spectateur rêve secrètement. Ils font face à leur public avec une rare élégance. Ils ne sont pas des rebelles assagis mais de vrais aventuriers modernes.

1 Irène Jacob, 1991 **2** Valeria Bruni-Tedeschi, 1996 **3** Sandrine Bonnaire, 1987 **4** Charlotte Gainsbourg, 1986

Les jeunes filles en fleur frappent à la porte du cinéma. Elles n'ont rien des starlettes d'antan. Elles sont belles, sérieuses, mutines, boudeuses… Elles sont vigilantes et rayonnantes. Elles s'appellent Irène Jacob, Sandrine Bonnaire, Valeria Bruni-Tedeschi, Charlotte Gainsbourg. Cannes leur tire le portrait et les révèle à elles-mêmes.

Juliette Binoche, 1985

1985 : Juliette Binoche *a rendez-vous* avec la gloire. Sous la houlette d'André Téchiné, elle triomphe. Son visage est parfait, translucide, immaculé. Il se détache irrésistiblement du fond bruyant-trop bruyant, peuplé-trop peuplé. Elle a l'éclat de la jeunesse. Elle entre dans l'Olympe.

1996

Christophe Lambert, Maurice Pialat et Catherine Deneuve, 1987

Quinze ans après le prix d'interprétation décerné à Jean Yanne pour *Nous ne vieillirons pas ensemble*, sept ans après la présentation événementielle de *Loulou*, Maurice Pialat reçoit des mains de Catherine Deneuve et Christophe Lambert une Palme d'or très controversée pour *Sous le soleil de Satan*, diamant noir que le jury a eu, en cette année 1987, le courage de distinguer. La réaction est hostile, une partie du public siffle copieusement. Pialat n'a pas peur de la polémique, il ne fait pas un cinéma réconciliateur, il aime porter le fer dans la plaie. Ce n'est pas son premier malentendu avec Cannes. Déjà le prix d'interprétation attribué à Jean Yanne avait provoqué des remous. Donc, en cette année 1987, Pialat ne se démonte pas. Il

Maurice Pialat et Catherine Deneuve, 1987

a dû en découdre avec Georges Bernanos. Il a passionnément aimé l'abbé Donissan-Gérard Depardieu ou Mouchette-Sandrine Bonnaire. Il a livré un combat de Titan avec l'ombre et la lumière. Il a affronté le cinéma à bras le corps. Il s'est battu avec le ciel et la terre pour en extraire la couleur. Il a travaillé la matière comme un forçat et il en a extrait l'esprit. Alors, il lève le poing et déclare à ceux qui veulent bien l'entendre : « *Si vous ne m'aimez pas, je ne vous aime pas non plus !* » C'est un palmarès houleux, vibrant, insurrectionnel. On n'est pas prêt de l'oublier. Le destin du cinéma s'y joue hors du consensus, dans l'affrontement et la puissance de l'affirmation.

Mel Gibson et Sigourney Weaver, 1983

D'une dense marée humaine, deux silhouettes nimbées d'une aura miraculeuse s'extraient pour rejouer la scène rituelle. En 1983, *année de tous les dangers*, Mel Gibson et Sigourney Weaver sont comme des apparitions offertes aux yeux de tous. On les croirait sortis d'un bal hollywoodien des années 40 et pourtant ils sont bien dans leur temps.

Robin Givens et Forest Whitaker, 1991

En 1991, Robin Givens, sublime mannequin et *reine des pommes*, brille de tous ses feux, protégée par l'immense et débonnaire Forest Whitaker qui fut, un bouleversant *Bird* alias Charlie Parker dans le film de Clint Eastwood, et qui lui valut le prix d'interprétation en 1988. Qu'est-ce qu'ils ont de plus que nous ?

Charlotte Lewis, Roman Polanski et Chris Campion, 1986

Autre rituel : le passage des stars sur le tapis rouge entre deux haies de spectateurs avides juste avant la montée des marches. C'est un pur mouvement, une fraction de temps volée à l'implacable machine, un ruban de rêves et d'artifices. L'image tremble car on ne sait pas exactement qui de l'acteur, du personnage ou de la personne se manifeste aux yeux des pauvres mortels qui sont de l'autre côté de la barrière. De toute façon, c'est une représentation sur une autre scène, sur un autre théâtre. Roman Polanski et ses acteurs, Charlotte Lewis et Chris Campion, sont la proie des regards anonymes. Ils sont venus pour *Pirates* et ils sortent juste du galion qui mouille quelque part dans le Port. Ils suivent ou plus exactement épousent le mouvement.

Jacques Dutronc et Alexandra London, 1991

Jacques Dutronc alias Van Gogh et Alexandra London, jeune débutante et fille du docteur Gachet, sourient à la grâce de l'instant qui les enveloppe. Leur joie sera de courte durée tant l'admirable film de Pialat restera incompris du public cannois. Qu'importe : ils passent la rampe, ils sont lancés. Rien ne peut les arrêter !

Anatole Dauman et Peter Falk, 1987

Dans les années 70, Wim Wenders, jeune prodige du nouveau cinéma allemand, enfant de Ford, Antonioni et Henri Langlois, fait irruption, sur les brisées de la Nouvelle Vague, dans le monde clos des auteurs. C'est une apparition marquante. D'abord, il fréquente la Quinzaine des réalisateurs, mais très vite il entre dans le sérail de la compétition, par exemple, en 1977, pour son *Ami américain*, premier de ses films aux résonances internationales, peuplé de cinéastes et de fantômes. La consécration vient très vite avec une Palme d'or incontestée, celle qu'il reçoit en 1984 pour *Paris, Texas,* qui lui ouvre les portes d'un vrai succès public autant qu'une reconnaissance de ses pairs et de la critique. Après une telle ascension, il faut tenter de vivre, il

Wim Wenders, 1987

faut continuer de filmer. En 1987, il fait son retour à Berlin avec *Les Ailes du désir* un film dans lequel les anges tutoient les humains. Il obtient un Prix de la mise en scène. Anatole Dauman, son producteur, et Peter Falk, inspecteur Columbo et membre à part entière de la Cassavetes' connection, applaudissent admirativement à la réussite de leur metteur en scène qui a bien mérité du cinéma. Wim Wenders, couvert d'honneur, ne s'en laisse pas compter. Il vient chercher sa récompense avec une modestie de ciné-fils, sachant que l'essentiel n'est peut-être plus là. En 1989, président du jury, il voit en Steven Soderbergh un fils spirituel. En 1993, il reviendra avec moins de bonheur pour *Si loin, si proche*. La suite reste à écrire…

Jean Réno, Rosanna Arquette, Luc Besson et Jean-Marc Barr, 1988

En cette fin des années 80, en ce début des années 90, Cannes est devenu le lieu des événements média-tiques. Ce n'est plus forcément le film, ni même les acteurs ou le metteur en scène qui importent. C'est la traînée médiatique qu'ils laissent derrière eux. Avec *Le Grand Bleu*, Luc Besson et ses camarades, Jean Réno, Rosanna Arquette, Jean-Marc Barr, font l'événement mais pas forcément comme ils le croyaient. Ils inaugurent le mil-lésime 1988 : leur présence crée certes un frisson, ce qui n'empêche pas le film d'être plutôt rejeté par le festival. Qu'importe : la mèche a été allumée et l'événement médiatique cannois sera largement dépassé par la vague du *Grand Bleu* qui n'a pas fini de déferler sur la France.

Madonna, 1991

Trois ans plus tard, avec Madonna, le ton monte considérablement. L'apparition de la chanteuse et de ses frous-frous met la Croisette dans tous ses états. Le soir de la projection de minuit, c'est l'émeute, c'est l'émoi. Ce n'est pas le film, *In Bed with Madonna*, qu'on est venu voir, c'est Elle. C'est un show, une performance, un *événement*.

Pedro Almodovar et Simona Benzakein, 1996

Dans l'arène cannoise, il y a ceux qui savent esquiver, ceux qui savent danser, ceux qui savent saluer. Le matador Pedro Almodovar est de ceux-là. Sans avoir jamais présenté un film au festival, il est pourtant de ceux qui savent qu'à Cannes le cinéma relève directement de la tauromachie. Autre torero d'un genre tout à fait

Michel Blanc, 1987

différent, Michel Blanc, *monsieur Hire en tenue de soirée*, est prêt à porter l'estocade. C'est avec une désinvolture certaine qu'il va affronter son public, les sunlights, les flashes, les services d'ordre et les services d'offre. En tant qu'acteur, il n'a aucun mal à se mettre au diapason de l'exercice. Il n'a pas peur, il s'en réjouit, il jubile.

Victoria Abril, 1996

Être original n'est pas chose aisée tant l'excentricité semble à Cannes davantage la règle que l'exception. Victoria Abril, à peine sortie de la *movida*, est d'un seul coup un papillon de nuit ou un Mickey aux oreilles plates. Elle est un personnage de BD ou de *cartoon* qui enchante par sa fantaisie imprévisible. Coluche, avait d'autres atouts

Coluche, 1986

et d'autres atours. L'année de *Tenue de soirée*, il choisit le travesti comme mode d'existence cannois. Sans doute est-ce l'histrion qui s'exprime, mais cette apparition dépasse la simple provocation pour révéler une dimension inattendue du personnage qui fait vaciller son identité. De l'art du déguisement comme dévoilement.

Josiane Balasko, 1989

Il arrive qu'un excès de lumière transfigure et que la peau se transforme simplement en surface réfléchissante. Le visage de Josiane
Balasko, sous l'effet d'une surexposition typiquement cannoise, prend
une teinte presque irréelle. Elle n'est plus qu'un visage purement
offert à la lumière, elle n'est plus que pure lumière.

Béatrice Dalle, 1988

Béatrice Dalle en montre davantage et son visage n'est pas séparable de son corps. Rarement on aura vu une telle alliance de sauvage sensualité et d'éclatante beauté. Avec Béatrice Dalle, la lumière rend plus proche encore cette peau, ce cou, ces épaules, ces lèvres, ces yeux... Plus réelle plus charnelle...

1996

Nastassja Kinski, 1988

La beauté de Nastassja Kinski est aristocratique. Cette grâce qu'elle arbore fièrement est d'une extrême discrétion. Rien ne pèse, rien ne fait lourdement signe, rien n'est ostentatoire. Les attributs même du luxe n'en font surtout pas une gravure de mode mais une incarnation de l'élégance la plus subtile comme on en voit peu.

Isabelle Adjani, 1993

En 1993, au moment où elle fait son retour sur le devant de la scène, Isabelle Adjani a besoin de se cacher pour mieux apparaître. Cannes est pour elle une épreuve de vérité et d'artifice. Son voile est un masque mais il est aussi le révélateur d'une fragilité qui l'habite. A ce monde, elle est encore étrangère et elle le dit.

Sophie Marceau et Dominique Besnehard, 1995

Sophie Marceau a une chance insolente. En n'importe quelle posture, elle est toujours immanquablement belle. Elle vient présenter son dernier-né qui est aussi son premier essai de réalisatrice, un court-métrage. Son ventre rond et son visage rayonnant en disent long sur son accomplissement de femme. Quelle joie de vivre !

Isabelle Huppert, 1991

En 1991, Isabelle Huppert est *Malina*. Dans cet opéra baroque et solitaire, elle prend tous les risques y compris celui de déplaire. Mais comme elle a cette classe naturelle qui fait les grandes comédiennes, elle ne laisse rien transparaître de sa performance, préférant s'offrir, visage et buste magnifiques, à son public d'un instant.

Martin Scorsese et Akira Kurosawa, 1990

A Cannes, il arrive heureusement que dans l'instantané le plus contingent se dise quelque chose d'une vérité plus générale du cinéma. C'est que le festival est un lieu tout à la fois superficiel et profond, parfaitement futile et excessivement sérieux, en parfaite adéquation avec les paradoxes du cinéma lui-même. Quand Martin Scorsese croise Akira Kurosawa, c'est une affaire de transmission qui se joue, une affaire qui concerne au plus haut point le cinéma d'aujourd'hui. Entre les deux hommes, l'admiration est absolument réciproque, elle circule dans les deux sens. On le sent. Kurosawa et Scorsese en savent long l'un sur l'autre, non qu'ils se connaissent intimement, mais simplement parce qu'ils sont nés dans le cinéma et qu'ils ne le quitteront pas...

Isabella Rossellini et David Lynch, 1990

En 1990, David Lynch n'est pas vraiment un familier du festival de Cannes. Il vient simplement présenter sa dernière livraison, *Wild at Heart,* **plus connu sous le nom de** *Sailor et Lula.* **Il ne sait pas encore qu'il obtiendra cette année-là une Palme d'or qui fera l'effet d'un électrochoc sur les festivaliers. En attendant, il est avec sa compagne Isabella Rossellini, qui regarde ailleurs, peut-être en direction de son ancien mentor, Martin Scorsese. David Lynch lui a donné son plus beau rôle dans** *Blue Velvet.* **On s'en souvient. L'année suivante, l'auteur palmé de** *Sailor et Lula* **reviendra avec** *Twin Peaks Fire Walk with me* **: un film bien plus audacieux, mais avec une fortune qui lui sourira nettement moins au palmarès…**

Manoel de Oliveira, Catherine Deneuve, John Malkovich, 1995

Les années 80 sont pour Catherine Deneuve un tournant décisif. Après une décennie où elle s'emploie essentiellement à être la star d'un certain cinéma commercial français, elle rencontre André Téchiné pour *Hôtel des Amériques*. Il va devenir son metteur en scène de prédilection, elle sera son actrice-fétiche et ils feront quatre films ensemble. Cannes saura donner toute leur résonance à ces fiançailles qui seront parmi les plus marquantes de l'époque. En 1986, *Le Lieu du crime* est en compétition. En 1993, c'est *Ma saison préférée*. Et en 1996, *Les Voleurs*. Pour les deux derniers, Daniel Auteuil est devenu le partenaire privilégié de Catherine Deneuve. Frère et sœur, flic et professeur de philosophie, ils vibrent au même diapason. Avec Téchiné, Catherine

Catherine Deneuve, Chiara Mastroianni, André Téchiné, 1993

Deneuve accoste les rivages de la maturité avec sérénité. Elle peut alors prendre tous les risques. Par exemple, celui d'une rencontre avec Manoel de Oliveira dans un étrange *Couvent* où elle est la femme d'un professeur, égarée dans les limbes et les mystères d'un Portugal secret. Elle rencontre John Malkovich avec lequel elle dialogue sans peine aucune. Oliveira la filme comme un point d'interrogation, comme une énigme qu'on n'est pas prêt de résoudre. Dans les années 90, Catherine Deneuve forme encore une autre forme de duo, cette fois avec Clint Eastwood. A eux deux, ils dirigent le jury du festival 1994 qui verra le triomphe de Quentin Tarantino avec *Pulp Fiction*. Elle est encore prête à toutes les aventures…

Gong Li, 1996

A elle seule, Gong Li, symbolise le renouveau du cinéma en Asie du sud-est. A Taïwan, à Hong Kong, en Chine Populaire, un courant d'air frais se fait sentir. Gong Li, qui a obtenu un prix d'interprétation en 1993 pour *Adieu ma concubine* de Chen Kaige, est l'ambassadrice de charme de cette nouvelle donne.

Emily Watson, 1996

En arrivant à Cannes, Emily Watson est une inconnue. Elle repartira toute auréolée de sa performance dans *Breaking the Waves*. Le festival demeure le lieu de ce genre de révélation : un visage enfantin, des yeux brillants, un corps de femme et une puissance d'actrice encore intacte qui, tel un ouragan, emporte tout sur son passage.

Emir Kusturica, 1995

Une première Palme d'or pour Emir Kusturica avec *Papa est en voyage d'affaires* en 1985, un Prix de la mise en scène pour *Le Temps des gitans* en 1989 et une seconde Palme d'or, malgré de basses controverses, pour *Underground* en 1995. En termes sportifs, on dira que ce parcours sans faute ressemble à s'y méprendre à un grand chelem.

Miroslaw Baka et Krzysztof Kieslowski, 1988 **2** Brian Cox, Ken Loach et Mai Zetterling, 1990 **3** Anne Roussel, Nanni Moretti et Daniele Luchetti, 1991 **4** John Turturro, Joel et Ethan Coen, 1991

Tableau de famille : les auteurs du cinéma mondial et leurs acteurs posent sur la terrasse. A la croisée des années 80-90, ils sont en passe de devenir les stars discrètes d'un festival à la recherche d'une nouvelle légitimité artistique, capable de contrebalancer son explosion médiatique. Krzysztof Kieslowski a un visage aussi acéré que le film qu'il vient de présenter en 1988, *Tu ne tueras point*. Il reviendra sous la bannière tricolore avec *La Double Vie de Véronique*. Ken Loach fixe imperturbablement l'horizon et s'impose *in extremis* comme un grand. Nanni Moretti, plutôt familier de Venise, est, bien plus qu'un histrion génial, une sorte de résistant poétique. Quant aux frères Coen, ici accompagnés de John Turturro, ils sont aussi énigmatiques et minimalistes que leurs films.

1 Théo Angelopoulos et Marcello Mastroianni, 1991 **2** Sumiko Sakamoto et Shohei Imamura, 1983 **3** Jane Campion, 1993 **4** Lin Chiang et Hou Hsiao-hsien, 1993 **5** Chen Kaige et Xie Yuan
6 Stephen Fears et Colm Meaney, 1996

Du monde entier, chaque année, une foule de cinéastes débarquent à Cannes. Se croisent donc en un puzzle parfaitement hétérogène les membres d'un club très fermé, celui des (H) auteurs. Par exemple, le Taïwanais Hou Hsiao-hsien, très grand cinéaste révélé quelques années auparavant par Venise, est sans doute trop secret pour le festival. Son camarade chinois, Chen Kaige a certainement une plus grande faculté d'adaptation, lui qui décrocha une Palme d'or (*Adieu ma concubine*) en 1993, partagée avec *La Leçon de piano*, de l'Australienne Jane Campion, qui fut la révélation du festival dès la projection de ses premiers courts métrages. Depuis, elle a

1 James Ivory et Helena Bonham-Carter, 1992 2 Nikita Mikhalkov et Marthe Keller, 1987 3 Linéo Tsolo et Souleymane Cissé, 1995 4 Vittorio et Paolo Taviani, 1993 5 Jerzy Skolimovski, 1984
6 Vitali Kanevski recevant le Prix du jury en 1992

tracé à elle seule un axe Pacifique et féminin tout à fait étonnant. A un autre bout du monde, le Malien Souleymane Cissé a su, en magicien de la terre, faire surgir la lumière. Ailleurs, du côté d'une Russie en plein après-communisme, l'aristocrate Nikita Mikhalkov et le prolétaire Vitali Kanevski incarnent les deux faces d'une même réalité. Théo Angelopoulos, James Ivory, les frères Taviani, quant à eux, sont les habitués de Cannes depuis des années. Ils en fondent l'architecture en quelque sorte. Mais ils n'empêchent pas les outsiders comme Shohei Imamura, Stephen Frears ou Jerzy Skolimowski de jouer parfois les trouble-fête.

1 Arnaud Desplechin et Chiara Mastroianni, 1996 **2** Xavier Beauvois et Chiara Mastroianni, 1995 **3** Gaël Morel et Melvil Poupaud, 1995 **4** Mathieu Amalric et Marianne Denicourt, 1996
5 Thibault de Montalembert et Emmanuel Salinger, 1996 **6** Fabrice Desplechin, Bruno Todeschini et Arnaud Desplechin, 1992

En ce début des années 90, l'irruption d'un nouveau cinéma français commence à faire du bruit. *La Sentinelle* crée une première brèche. Arnaud Desplechin, déjà venu à la Semaine de la critique pour *La Vie des morts*, impose un discours fiévreux et une troupe d'acteurs totalement neuve. Un peu plus tard, Xavier Beauvois prend le relais avec *N'oublie pas que tu vas mourir* (Prix du jury en 1995). Et finalement, Desplechin revient pour enfoncer le clou avec *Comment je me suis disputé (ma vie sexuelle)*. Le courant circule derrière et devant l'écran. C'est une sorte d'impromptu où tout le monde se mélange avec l'enthousiasme de la jeunesse.

Lars von Trier, 1991

Dès son premier film, *Element of Crime*, Cannes ne peut plus se passer de Lars von Trier. Pour *Europa*, il effectue encore le voyage. Mais à l'instant de son triomphe pour *Breaking the Waves*, il est contraint, pour cause d'agoraphobie de s'absenter du tumulte de la Croisette. D'une absence programmée, il tire une présence incroyable.

Mike Leigh et Anjelica Huston, 1996

Les images prolifèrent jusqu'au vertige des identités. Fixes ou mouvantes, actuelles ou virtuelles, elles rendent parfois difficile l'appréhension des films eux-mêmes. Mike Leigh reçoit la Palme d'or des mains d'Anjelica Huston, tandis que les interprètes de *Secrets et mensonges* sont comme des fantômes venus le hanter

Vincent Cassel, Hubert Koundé, Saïd Taghmaoui et Mathieu Kassovitz, 1995

au moment voulu. Plus troublant encore, les interprètes de *La Haine* accompagnant leur metteur en scène sont trois fois en représentation : comme acteurs du film, comme triomphateurs du palmarès et comme objets de la curiosité télévisuelle. Ils se sont définitivement métamorphosés en êtres-pour-l'image…

Dustin Hoffman et Gilles Jacob, 1996

Etre star, c'est savoir s'offrir à son public sans donner la moindre impression de peur ou de protection rapprochée. En cet exercice de funambulisme, Dustin Hoffman excelle. Derrière lui, Gilles Jacob, omniprésent, mais qui sait se faire oublier. Et encore derrière le délégué général du festival, quelques gardes du corps qui veillent.

Alain Delon et Jean-Luc Godard, 1990

Quant à Alain Delon, c'est dans ce genre de situations qu'il est évidemment le plus lui-même, c'est-à-dire un acteur avant toute chose. Il aime être touché tout en restant intouchable. Cette comédie amuse Godard qui regarde son interprète de *Nouvelle vague* avec un sourire bienveillant.

1996

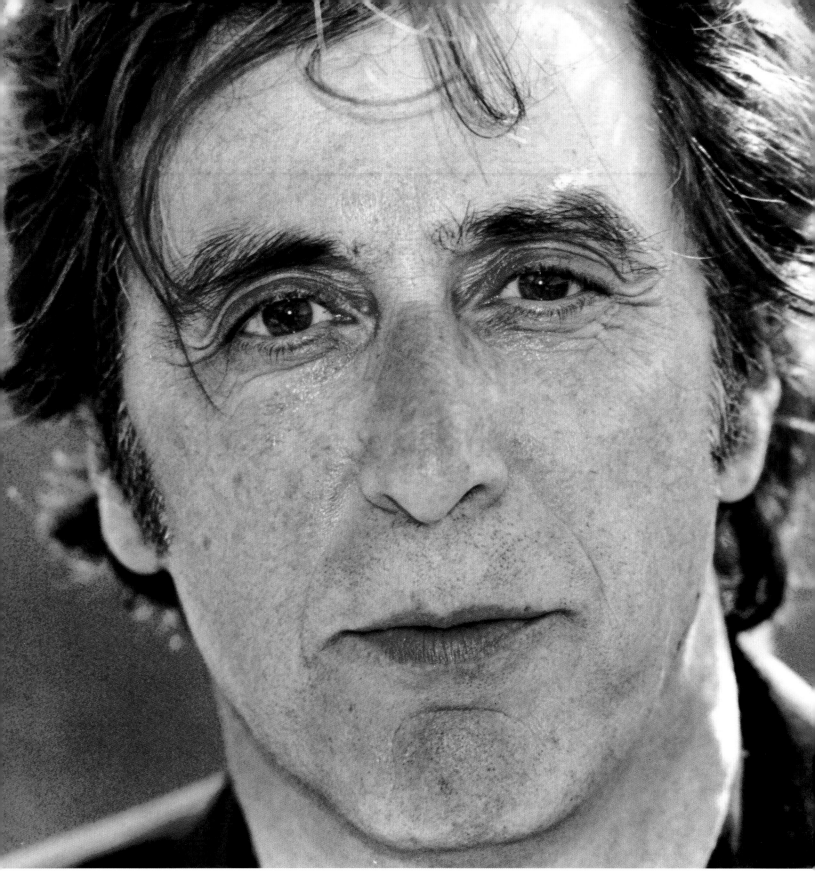

Al Pacino, 1996

La présence d'Al Pacino, son magnétisme sont visibles à l'œil nu.
Question de regard… Qu'il soit Richard III, un jeune metteur en
scène américain, l'interprète privilégié de Brian de Palma ou un
acteur venu honorer de sa présence la Croisette, Pacino reste Pacino.
Cela s'appelle l'aura…

Robert de Niro, 1993

Pas moins grand acteur, mais sans doute plus insaisissable, De Niro incarne le paradoxe du comédien. Il sait se cacher, disparaître, dans le personnage qu'il est censé incarner. De là vient qu'on ne reconnaît pas toujours De Niro en dehors des films qu'il habite. Simplement parce qu'il sait préserver le mystère de sa présence.

Sylvester Stallone, 1993

Certains viennent à Cannes pour le show. Ils savent qu'ils ne seront jamais en compétition. Alors ils la miment. Ce duel de titans a quelque chose de gentiment carnavalesque. C'est à la fois un clin d'œil, un coup de poing, un salut. Rien de très sérieux. Sylvester Stallone et Arnold Schwarzenegger ne sont pas dupes. Ils sont parfaitement

Arnold Schwarzenegger, 1993

conscients qu'on les a invités à ce festin pour faire le spectacle. Alors ils font le spectacle. Simplement parce qu'ils sont aussi le cinéma. Le paradoxe du festival c'est peut-être de ne pas jouer le jeu de Stallone et de Schwarzenegger jusqu'au bout. A moins que ce ne soit l'inverse. En tout cas, leur compétition n'a rien d'assommant…

Uma Thurman et Bruce Willis, 1994

Uma Thurman et Bruce Willis forment un couple vêtu de cette étoffe dont on fait les rêves. Pourtant, ils ne sont là que parce qu'un jeune loup est entré par effraction dans le cinéma. L'auteur de ce hold-up, c'est Quentin Tarantino doué d'une volonté de vaincre peu commune, nouvelle incarnation de la fameuse énergie américaine.

Quentin Tarantino, 1994

Venu une première fois avec *Reservoir Dogs* en 1992, il emporte définitivement le morceau en 1994 avec *Pulp Fiction*. Tarantino ressemble à un basketteur ou à un sprinter. Il salue comme on fait un signe de victoire sur un podium. Il est déterminé, il casse la baraque. Tout passe sur son visage…

Emma Thompson, 1995

Depuis quelques années, Emma Thompson promène sa distinction et son intelligence sur la Croisette. Anglaise jusqu'au bout des ongles, elle a su imposer un style fait de retenue et d'élégance. Chez James Ivory, Kenneth Branagh ou Christopher Hampton, elle endosse les costumes d'héroïnes à l'éclatante féminité…

Sharon Stone, 1995

En guise d'au revoir, la nouvelle reine du cinéma nous salue. Sharon Stone descend du ciel pour clore les festivités. Elle a une robe couleur de lune ou couleur de soleil. Elle est d'une beauté affolante. Encerclée par les photographes, les officiels, les gardes du corps, elle nous fait un ultime signe… Signe que tout reste encore possible…

Liv Tyler et Bernardo Bertolucci, projection de *Beauté volée,* 1996

Au bas des marches, les photographes montent sur des échasses pour être à la hauteur de leurs modèles. C'est un instantané qui contient tout Cannes, l'envers et l'endroit, l'avant et l'après… Il y a la lumière, le noir, la foule, le vide, le haut, le bas. Entre les photographes et le festival, une nouvelle histoire commence…

THIERRY JOUSSE